愛、健康
與金錢的祕密

大師課程

朗達・拜恩

《愛、健康與金錢的祕密》涵括了吸引力法則的原則，這項強大的工具能召喚富足、健康且快樂的生活，並適用於所有人。

　　本書內容旨在提供資訊和教育，不應取代專業、法律、財務、商業或職業建議。建議練習者應僅用於輔助個人研究，並與合格的職業顧問、商業顧問、投資經紀人、財務規劃師或會計師，共商合理的財務計畫。

　　同樣地，本書包含的訊息不應取代諮詢合格的醫療保健專業人員，內文描述的過程也應僅用於補充專業醫療保健從業者開立之合格醫療保健計畫。在任何情況下，本書資訊均不得用於任何健康疾患的診斷、處方或治療，當然，任何停用處方藥或終止療程的決定，皆須事先諮詢合格的醫療保健專業人員。

　　作者與出版者對本書內容的任何濫用概不負責。

獻給你。

願這祕密帶給你一生的愛和喜悦。

這是我想要給你的，

也獻給這個世界。

目　錄

愛的祕密

健康的祕密

金錢的祕密

愛的祕密

引言
愛的祕密

　　十四年前，我的人生崩潰了。我工作到筋疲力盡，因為父親驟然離世而深陷悲傷，和同事及親人的關係也是一團糟。那時，我找到了能改變人生每個面向的祕密，包括我的健康、經濟和人際關係，我決定和全世界分享。從那時起，這個「祕密」幫助全世界上千萬人改變他們的人生，它一定也能對你的人生、人際關係有所助益。

　　如果你已吸引了這本書進入你的生活中，那麼也許你想要改善或修復你的人際關係，或是想吸引新的關係；你可能正在尋找完美的伴侶，或是想挽救婚姻、改善你與同事的關係、修復你與家人或朋友的關係，或是想結交新朋友。我發現的「祕密」能幫助你達成以上所有目的，而且不只如此。

　　有了「祕密」，你在人生的每個領域都能心想事成。

　　仔細想想，人際關係讓你的人生有了真正的意義，如果沒有與人分享，那麼你真正想要、想做、想擁有的，或許也沒有多大的意義。想像如果地球上只剩你一個人，你不會再有欲望成為、擁有或做任何事。如果沒人欣賞，畫畫又有什麼意義？如果沒人聽見，譜曲又有什麼意義？如果沒人使用，創造又有什麼意義？不再有旅行的理由，因為無論去到哪裡都一樣──四處空無一人。你的人生不再有歡愉。**正是你與他人的聯繫和經歷，為你的人生帶來愉悅、意義和目的。**

　　你的人際關係讓你有很好的機會，透過正向的想法和感覺改變你的人生，因為我們愈對人際關係抱持感激，愈能對他人表達善意，人生也愈得以改變。同等地，你愈愛出現在你生命中的人，他們也會愈愛你，你的人生也會愈精采。無論你付出什麼──愛、感激、善意──都會回到你身上。

　　人際關係對你人生的影響遠比你想像得還要廣泛，所以理所當然，快樂且充滿愛的關係對我們所有人而言都很重要。這本書將告訴你如何創造良好的人際關係，你會親眼看到生活各個面向發生的變化──你的經濟狀況、健康、個人目標和夢想──還有你的愉悅和幸福。

第一課
愛與吸引力法則

　　整個宇宙都受自然法則支配，我們可以乘坐飛機飛行，是因為飛機與自然法則和諧共處，物理學定律並沒有因為我們會飛而改變，但人類找到方法配合自然的法則，所以才能飛。正如物理法則支配航空、電力和重力，也有一種法則支配我們的人生。為了改善或修復一段關係，或是建立一段新的關係，你必須理解這宇宙中最強大的法則——吸引力法則。

　　吸引力法則適用於最巨大到最渺小的事物——它抓住宇宙中的每顆星星，組成每個原子和分子。太陽的引力支撐著太陽系中的每顆星球，讓它們不會飛散到太空去；重力抓著地球上的你，以

及每個人、每個動植物和礦物。吸引力在大自然中隨處可見，從花朵吸引蜜蜂、種子吸取土壤的養分，到每個生物與自己的物種相吸，吸引力影響地球上的所有動物、海中的魚、天上的鳥，讓萬物繁衍並形成獸群、魚群和鳥群。吸引力讓你體內的細胞、房子的材料，和你坐著的沙發結合在一起，讓你的車子開在路上，乃至水停留在杯子裡。事實上，你使用的每個物品都是透過吸引力結合在一起。

吸引力也是人們相互吸引的力量，它讓人們組成有共同興趣的團體、社群、社團。這種力量將某個人拉往科學，又將某個人帶向藝術；它吸引人們參加各種運動，或是不同風格的音樂或流行，吸引人們喜歡某種動物和寵物。吸引力是把你拉往你喜歡的事物和地點的力量，是把你吸引到你的朋友或愛人身邊的力量。

吸引力法則無所不能，能讓一切——從原子到無垠的銀河——保持和諧。這項法則在宇宙的每個地方、每一件事裡運行，也在你的人生中運行。

吸引力法則在你人生中是如何運作的？**量子物理學**解釋說，宇宙中的萬物都由以一定頻率振動的能量構成，這也包含你的思想。思想也由能量組成，可以被測量，而且每個思想都有特定的頻率。你的思想會吸引擁有相同頻率的人、情況和事件，同類相吸，透過吸引力法則，最占據你腦海的事物便會進入你的生活。

換句話說，你透過自己的思想創造你的人生，一切進入你人生的，都是由你所思所想吸引而來。

就像所有自然法則，吸引力法則是無法改變的，沒有人能凌駕其上或置身其外。這無關個人，對所有人而言都是平等的，影響及於每一個個體、每一種思想。

關係與吸引力法則

簡單來說，吸引力法則對人際關係的意義是：你對關係的**想法**就是你會**吸引**到關係之中的事物。你無法對一段關係感到不滿足，同時又期望享受著充滿愛的關係。舉例來說，你不能想著：「他們不那麼愛我了。」然後又體驗到那個人比以前更愛你了。你必須想著愛的感覺，才能吸引到愛。你是這個宇宙的磁鐵，你的所思所想會因為吸引力法則，而透過人、環境和事件來到你的生活中。

就像俗話說的：種瓜得瓜，種豆得豆！你的想法是種子，你的收穫就看你栽下什麼樣的種子。抱持正面想法會吸引到正向的人、環境和事件進入你的生活，抱持負面想法就會被負面的人、環境和事件所環繞，這是心靈的物理學，也是宇宙的數學，因為愈來愈多物理學家發現——這是心靈的宇宙。

那麼，我們來定義正面想法和負面想法。

正面想法是想著你想要的事物！負面想法是想著你不想要的事物。

人在思考時，腦中不是正面想法就是負面想法，無論是正是負，都將決定你吸引什麼事物來到你的關係和生活中。所有組成你人生每個片刻的人事物，都被你的想法吸引而來，你現在過的生活是因為你曾經這麼想過，如果你不知道自己的思想對創造你的生活有多大的力量，你可以想想把不想要的東西帶進你的生活是多麼容易。但從現在開始，這將隨著你的發現而改變。

如果你抱持正面想法，你會吸引正向的人、環境和事件，但如果你抱持負面想法，或是憤怒的想法，你就能預期負面或憤怒的人、環境和事件將進入你的生活。人生不是偶然，你的人際關係狀態也不是隨機發生，你吸引到生活裡的一切都源於你的思想。對他人抱持正面想法，所有好事一定都會回到你的關係之中，同時改善生活中的其他面向。

對他人抱持訴苦、埋怨、憤怒或其他負面想法，就會將壞事吸引到你的生活中——百分之百！等壞事發生，又會導致更多的負面想法，吸引更多壞事，如此循環下去。

如果你聽別人抱怨，而且專心在他們抱怨的內容，也會發生一樣的事。如果你憐憫他們，認同他們的想法，在那一刻你就會吸引更多令人抱怨的人和事。不論抱怨的內容或原因多麼合理，這都是真的。

我聽說有個女性正經歷一段非常不愉快的感情生活，諮詢員一直追溯到她童年時經歷過虐待關係。然而，這位女性開始意識到，她抱怨自己生活中的問題並指責他人的傾向，也是促使她關係變糟的原因。只有她不再找理由抱怨責備他人，轉而尋找愛，並欣賞生命中的人時，事情才開始改變。

幾乎在她一改變想法的同時，便找到了完美的伴侶，從他的個性、價值觀，到他的眼睛顏色、髮型，都是她夢中情人的樣子。他們交往三個月就訂婚，兩年後結婚。這對夫妻的關係非比尋常之處在於，他們過去的生活巧合地交織在一起超過二十年，沒有發覺彼此其實有共同的家人，一起去過同一個目的地度假，他們甚至在同一家公司共事三年……然而他們卻從未認識彼此，就好像這個宇宙將他們分開，直到命運到來的那一天，這個女人意識到自己必須停止抱怨責備他人。事實上，事情就是這樣。

責備遊戲

話語的力量非常強大，根據吸引力法則，你對另一個人的所思

所言，都會回到你身上。當你責備或抱怨另一個人，其實也在傷害**你的**人生。受苦的是**你的**人生。

責備和抱怨是非常強大的負面形式，它們會帶來許多衝突。每個小抱怨、每次你責備他人的時候，都會吸引很多讓你抱怨的事回到你身上。抱怨政府、伴侶、小孩、父母、鄰居、排隊、經濟、食物、工作、客戶、生意、價格、噪音或服務，這些似乎都是無傷大雅的小事，卻會帶回一大堆負面情緒，影響你的關係和人生。

如果你因為一場約會中出的錯而生氣，怪罪對方犯了錯，這就是拿責備當作不正面思考的藉口。但無論什麼情況，吸引力法則只會對**你的**想法做出反應，如果你責備別人，你的人生一定會再次出現責備的情況，這不一定來自你怪罪的那個人，但可以肯定的是，你會接收到責怪的狀況。吸引力法則沒有藉口，無論你的主要思想是什麼，都一定會回報到你的生命中。你現在正用你的思想創造未來的生活！

同樣地，你愈是想著自己喜愛的事物，愈有可能收到你所愛的。當你想著自己喜歡的事物，不論是人或是任何的想法，你所愛的都會回到你身邊，帶來你喜愛的情境。當你喜歡新的環境時，會吸引更多正向的事物，讓你的人生增添**更多**愛和正面性，如此循環下去。因此，為了讓生活吸引更多的愛，你要做的是想

著你所愛的事物。

　　我和一對夫妻很熟,他們的婚姻發生過一次很驚人的轉變。他們結婚後不久,關係就陷入僵局,實際上已各過各的生活。儘管妻子幾乎無法忍受和丈夫同床共枕,她還是決定挽救她的婚姻。她所做的是記下他為她做的所有小事,並且讓他知道自己有多麼感激。很快地,他為她做的事愈來愈多,他們又開始笑著玩在一起,熱情又回來了。

　　有句常被認為出自甘地的話是這麼說的:「你必須**成為**自己在世上想**看見**的那個改變。」

　　這位年輕的妻子將同樣的觀念應用到她的婚姻中:如果你想改變人生中的一段關係,必須先改變你對這段關係的想法,愈多對這段關係的正面想法,像是愛、欣賞、感激等,愈能吸引正向的情境和事件到你們的關係中。你必須**成為**你在關係中想**看見**的那個改變!而你要做的就是改變你的想法,做到這一件事就能改變一切!

　　問問自己:你對人際關係是否抱持足夠正面的想法?因為正面的想法來自愛,以愛為基礎,而負面想法則是缺乏愛。

　　你可以在人際關係中分辨出自己抱持多少正面的想法。如果目

前的關係很好，這表示你的正面想法比負面想法多；如果目前的關係不好或有困難，這表示你無意間對這段關係的負面想法多於正面想法。

　　永遠記住：儘管聽來令人懷疑，但這跟對方無關。有些人認為關係的好壞取決於對方，但人生不總是如此，你不能對吸引力法則說：「等其他人改變了，我才會正面思考！」除非你先付出，否則你的人生不會有收穫！你付出什麼，便得到什麼，這不關另一個人的事：一切都與你有關！它與你的思想有關，與你散發出的氛圍有關，與你給予的有關。因為當你對他人抱持正面想法，你才會擁有令人驚喜的關係，才會擁有令人驚喜的人生。

第二課
想法與感覺的力量

　　你能改變你的人生，也能改變你的人際關係，因為你大可以無限地正面思考。如果你想著你想要的、你喜歡的，就能將好事帶進你的生活，包括好人和美好的人際關係！

　　根據吸引力法則，你的想法是你人生中一切事物的首要原因，包括健康、工作、經濟情況、生活條件和所有的人際關係。無論你想到什麼都會帶來什麼，這表示你在這個世界上看見的和體驗到的都是果，而因永遠是你的思想。

感覺：想法的燃料

如果你擔心偶然的想法會改變人生的軌跡，大可放心。你每天會有許多沒有任何意義的念頭，因為你大多數的念頭不會引發你內心的強烈感受。當想法帶起強烈感受時，就會被放大，而當你相信自己的想法是真的時，總是會觸發強烈的感覺！

這麼解釋吧：想像你的想法是火箭，你的感覺就是燃料，火箭沒有了燃料就只是一艘靜止不動的載具，因為燃料是能讓火箭升空的能量。你的想法也是一樣，沒有感覺，你的想法就沒有能量。你的思想是讓一切有可能發生的主因，而你的感覺是讓你的想法能更快顯化的加速器，你對正在思考的事感覺愈強烈，加諸於想法的能量就愈大，想法也就愈早在你生活中顯化。

感覺還有另一種功能：感覺能幫助你了解自己抱持哪一種想法。好的想法總是會引發好的感覺，而壞的想法會引發壞的感覺。所以如果你想知道自己是正面或負面思考，注意自己的感覺即可，只要感覺美好，你的想法就一定是好的；如果感覺不好，那就代表你正抱持負面想法，你得多關心自己的想法。

你對一段人際關係的想法也可能影響你的感覺。例如你對一段關係感到快樂或感恩，那麼你知道自己對這段關係抱持正面思想；如果感覺生氣或挫折，那麼你便知道想法是負面的。

如果你想著：「我受不了我的老闆了。」這種想法會伴隨強烈的負面感受，且因為吸引力法則，你會引來老闆行為更加惡劣的情境。

如果你想著：「我和一群很棒的伙伴共事。」那種想法會帶來強烈的正面感受，也會吸引到與同事相處更加和諧的情境。

簡單來說：

你抱持的好想法愈多，你的感覺愈好，生活也愈好。

你抱持的壞想法愈多，你的感覺愈差，生活也愈差——直到你改變自己的想法。

有個十年沒換工作的女性非常不開心，不只是因為她的工作內容，也因為她的同事。問題在於她身邊總是環繞著八卦、抱怨和負面語言，在無意間，她也同流合汙了，就像她的同事，她發現自己沒什麼好事可以分享。當她發現自己竟成了其中的一分子，從那時起，她就自覺地努力變得開心，對工作充滿熱情，且避免所有流言蜚語。變化幾乎一瞬間就發生了。幾天後，她開始喜歡她的工作，且因為拒絕接受負面情緒，她發現愛八卦和抱怨的人不再和她分享不滿，她沒有避開他們，只是選擇看到他們好的一面，這表示她愈來愈少看到他們。同時，她發現自己身邊環繞

著新的工作伙伴，他們有趣、正向且喜歡花時間在一起。更好的是，有個新的工作伙伴成為她的男朋友，他們還計畫結婚。

只是抱持好的想法，對工作保持正向態度，這位女士不只吸引到更好的人際關係，也改變了她整個人生！

改變所有的人際關係

如果你改變自己對一段人際關係的思考模式，就會改變你的想法，這段關係必然反映你的新想法而隨之改變。就這麼簡單。

即使你不能想像某段關係如何變好，你要知道關係就是可以改變！

如果你和某人感情不睦，有個很簡單且有效的方法，每天只需要花幾分鐘：只要感覺心裡對那個人的喜愛，然後敞開心胸，將這份愛送到宇宙。只要做這一件事，就能消除你心裡對那個人的任何不滿、憤怒或負面情緒。

另一方面，只要有負面想法，就永遠無法改善關係。對另一個人感覺不滿、憤怒或任何負面情緒，只會讓那些感覺回到你身上。如果你感覺到愛，就會吸引愛回到你身上——你對他人的感覺都會回歸自身。如果你覺得很難對某人或某段關係有好感，那

麼就專注於喜愛自己身邊的其他人事物，盡可能避免將注意力放在關係中的負面事物上。

你有能力改變，因為你可以選擇自己的想法，可以感覺自己的感受。這表示你可以改變人生中任何的負面關係，但你絕不可能想法負面卻奢求情況有所改變；若你抱持負面想法和情緒，就是無法改變。你必須用不同的方法應對負面關係，因為如果你一直用負面方法回應，壞念頭就會增強、加倍任何負面事物。只要你抱持好想法和感受，關係中的好事也會增強、加倍。

有兩個好朋友因為一些瑣事鬧翻了，冷戰好幾個月，友誼似乎就要走到終點。其中一位女士非常沮喪，她覺得自己掉進了「不快樂的洞裡」，最後她決定讓自己的生活變好，所以努力變得正向且快樂。雖然生活中還是有些令人感到壓力的事，她努力提升自己的情緒，讓自己覺得滿足。大約在這時候，有個共同朋友問她是否和她的死黨和好了，她說沒有，她們很久沒聯絡，但她確定她們很快就會和好。那一晚，她發現自己的心情很好，覺得有必要列出自己生命中所有的好事，睡覺前，她覺得自己的心情很久都沒這麼好了。隔天早上，她收到死黨的訊息，內容訴說她有多想念她們的友誼，以及她對彼此的爭吵感到多麼抱歉。

對這兩個摯友來說，直到她們改變了對彼此的想法，吸引力法則才得以讓她們重修舊好。

感覺良好的力量

如果你正面臨關係中的負面情境，解決方法就是不論關係中發生了什麼事，都要抱持好的想法和情緒。你不知道困難會怎麼解決，但如果你心裡一直持有正面思想和情緒，好事就會發生。當你感覺美好時，只有和你相同頻率的人才能進入你的生活。

要注意的是，對你認為難以相處的人，感受對他的愛並不意味著你容許對方利用你或虐待你，那當然不是愛。允許另一個人利用你並不能幫助那個人，當然對你也沒有助益。解決的方法是，盡可能讓自己保持良好的情緒，吸引力法則就會**為你**解決這種困境。

如果你維持好心情的頻率，你生活中的某個人卻處在負面頻率，吸引力法則會將你們分開。兩個人關係的結束是因雙方不再處於相同的頻率，當兩個人的頻率不相符，吸引力法則會自動做出反應，將彼此分開。

觀察吸引力法則如何回應人們頻率的變化，是非常吸引人的事。

有位女士高中畢業後，馬上和一位男士陷入愛河。為了追隨愛人，她離開家鄉、家人和朋友，到異鄉找工作，開啟新的生活。幾個月後，他們結婚了，但她很快發現新婚丈夫的陰暗面，他濫用藥物，也有尚未找出原因的心理問題。只要他一生氣，經常會攻擊眼前的人——他的妻子。他使用言語暴力，用最貶損人的話辱罵她，而她人在異地，沒有家庭和朋友的支持網絡，無法適應這種情況，也無法有足夠的好想法提振自己的頻率，因此陷入深深的憂鬱。長達五年時間，她承受著沒有愛的受虐婚姻，大部分時間都在努力逃避家中憤怒的男人。

最終，她明白只有自己能扭轉生活，重新尋回自己的幸福。彷彿是巧合，在頓悟後幾個星期，她和丈夫決定回她家鄉找工作，幸運的是，她馬上找到一份很好的工作，也和家人朋友重新建立關係。多年來，她第一次感覺做回自己，但對她丈夫而言，情況變得更糟糕了，他不願接受妻子獲得的新幸福和成功，所以他的虐待變本加厲。然而，現在她身邊能得到支持與愛，她也努力追求幸福，他的虐待不再能影響她。因此，他們的頻率不再相符，吸引力法則的反應是將他們分開。她明白自己值得更好的人生，終於離開了丈夫。

不久後，她受邀和朋友一起晚餐。他們飯後心血來潮，去了鎮上一家新酒吧，她一走進酒吧大門，視線就被吸引到房間後方，她看到一張熟悉的臉，那是她高中約會過的男孩；事實上，他是

她遇到前夫之前的最後一任男友。有個共同朋友把她拉到一邊，告訴她這個男人這些年來還愛著她，顯然他一直沒認真談過其他戀愛，因為他始終在等著她。出於好奇，她走向他，他們敘舊了一會兒。他證實了這個說法——他曾希望並祈禱有天她會回到家鄉。他說服自己，如果她回來了，就代表他們會永遠在一起。他們聊得愈久，她愈明白眼前的男人才是她夢寐以求的伴侶，新的戀情開始了。他們現在在一起，相處非常愉快，也計畫要結婚了。

對她來說，她前夫的虐待和憤怒，讓她對自己的處境產生了負面想法，那些負面想法不只讓她難受，更讓她陷入憂鬱。只有在她可以透過對愛情和幸福抱持正面思考，進而改變頻率後，才能掙脫前夫；而一旦她心情再次變好，那麼只有相同頻率的人才能進入她的生活。所以吸引力法則以久別重逢高中戀人的形式把愛傳遞給她，也就不足為奇了。

力量就在你之內

一段關係有多困難或多傷人都不重要，如果你想改變，只要改變你的想法和頻率，就能開始起變化。

你人生中得到的一切，都源於你的想法和感覺，你過去和現在的**所有人際關係**都是如此。

　　這也代表，或許任何你正在經歷的不良關係，都是被你自己過去的想法和感覺吸引而來。

　　人們第一次聽到這些「祕密」時，經常會回想過去不良、甚至虐待的關係，他們覺得不可思議的是，任何人都可能吸引負面處境。沒有人會故意引來挑戰或困難的關係，但如果你的願望是修復或解決一段困難的關係，就要理解你吸引它是有原因的。大多數時候，我們引來困難的情況，是為了讓自己意識到擁有的內在力量。

　　你現在有個選擇：你願意相信宿命，覺得壞事隨時可能發生在自己身上嗎？你願意相信自己無法控制人際關係，也無法控制人們對待你的方式嗎？

　　或者，你願意相信並了解，你的人生經驗由你掌控？你願意了解因為你思考的方式，只有**好的**人、**好的**環境和**好的**關係，會進入你的生活嗎？你可以選擇，而無論你選擇什麼，都會成為你的人生經驗。

　　要知道，沒有人能進入你的生活，對你帶來負面的影響，除非你們處於相同的頻率。只要你改變想法，提升你的頻率，無論某個人多難相處、多負面，他們都不會也不能影響你！如果這導致一段不良關係結束，不要絕望，對自己重複一遍：「從此之後會

有好事發生。」一定會是這樣的。從每一段關係中學習，你會發現一段不良關係破裂之後，你的快樂程度會比以往更高。你人生的每段關係都有存在的理由，教會你一些東西，讓你的人生向前發展。

當生活中的事情發生變化時，我們往往會對變化產生抗拒，但重要的是記得，如果生命發生重大變化，這表示更好的事就要來臨。宇宙中不可能有真空，所以當有東西移出時，一定會有東西移入並取代。改變來臨時，放鬆、抱持全然的信心，知道這個變化是**好的**。

所以別害怕改變，特別是你的人際關係。記住，發生的每件事最終都是為了我們每個人好。重要的不是發生了什麼事，而是我們如何應對這個機會、選擇如何看待它。宇宙必須將事物移出，才能讓更美好、更精采的事物出現。要意識到這種變化正在發生，因為更美好的關係正向你走來！更美好的事物即將到來。

第三課
美妙關係的祕密

　　當你想著自己過著擁有美妙關係的美好人生時，你便能透過吸引力法則有力且有意識地決定你的生活。真的就是這麼簡單。但如果那麼簡單，為什麼不是每個人都能擁有美好的生活和美妙的關係呢？

　　問題在於多數人**更常**思考或談論他們**不想要**的東西，而非他們**想要**的東西。這麼做等同在不經意間剝奪了自己生活中所有的好事，包括美好的人際關係。

　　擁有良好人際關係的人**更常**思考或談論的是他們**想要**什麼，而

非他們**不想要**什麼！人際關係不佳的人則多在思考或談論**不想要**什麼，而非他們**想要**什麼，當想著、談著關係中不想要什麼的時候，他們也納悶為什麼關係一再出現問題，其實正是他們思考並談論**不想要**什麼，才會吸引那些問題進入生活中。

　　吸引力法則不會處理「不要」「不」或任何負面詞彙，因此只要你說出像「不想要」這類負面詞彙，吸引力法則聽到的會是相反的內容。

　　當你說：「我不想爭吵。」

　　吸引力法則聽到的是：「我想要更多爭吵。」

　　當你說：「不要那樣跟我說話。」

　　吸引力法則聽到的是：「我要你那樣跟我說話，我也要其他人那樣跟我說話。」

　　當你心想：「我不想失去他們。」

　　吸引力法則聽到的是：「我想失去他們。」

　　當你心想：「我不想一個人。」

吸引力法則聽到的是：「我想要一個人。」

你心裡想什麼，吸引力法則就會給你什麼，就是這樣！

　　一名現役空軍的妻子經歷一場教訓才發現這一點。結婚五年後，她的丈夫第五次派駐海外，妻子心生怨恨又憤怒，充滿了寂寞和被遺棄的想法。她這輩子一直很悲觀，已經被自己不想要的想法和信念淹沒。不久後，她收到丈夫的消息，他打算訴請離婚。她崩潰了。絕望幾天後，她決定努力改變自己的思維，開始專注於正向的一面。他們說話時，她小心使用建設性的詞語，她知道自己不能期望他改變心意，但她還是保持樂觀，只專注在好的想法、感受愛。幾週後，丈夫提出要一起解決婚姻問題。幸運的是，多虧他們專注於思考彼此真正想要的事物，他們的婚姻得救了。

專注於你想要的關係

　　無論你心裡想的是自己想要或不想要的關係，都是因為你想著它才會實現，也是你的想法讓它一次次出現。如果你真想改善一段關係，或是帶來新的關係，你必須只想著自己想要什麼、什麼能讓你開心，才能讓它存在。

　　如果你完全專注於你想要、你喜歡、讓你感覺良好的事物，那

麼你就能擁有真正美好的生活。

　　生命把一切都呈現給你，讓你可以選擇自己最想要的、最喜歡的、最欣賞的事物。生命的禮物之一是你身邊有各式各樣的人，因此你可以從中選擇你喜歡且欣賞的，拒絕你不喜歡的。如果你不喜歡某些人的個性，不必刻意欣賞，只要不帶評判地離開他們，或是別將注意力放在他們身上。

　　遠離你不喜歡的人意味著放鬆下來，知道生命給了你選擇，而不是意味著和他們爭論，以證明他們是錯的，或是批評他們，或是因為你認為自己是正確的，就想要改變他們。如果你做了這些事，那你一定沒有專注於自己想要的、喜歡的事物。除非你先起心動念，否則你不可能在生活中得到任何東西，所以你必須想著自己想要的、喜歡的，才能得到。為了改善關係，把注意力集中在對方讓你喜歡和欣賞的事情上，而非你不喜歡的部分。

　　有位年輕女性發現過度關注伴侶令人不喜歡的特質，會帶來什麼樣的後果。她和一個男人談了一年轟轟烈烈的戀愛，期間分手了四次，她內心隱隱覺得不對勁，但還是堅持和這個男人在一起，說服自己他就是「真命天子」。她希望他會改變，會按照她期望的方式行事。在和她最好的朋友聊天後，她決定觀察伴侶的行為，如果她看不出任何改善的跡象，就決定永遠和他分開。隔天，這個男人主動傳訊息說要和她分手，理由是她不夠好。藉由

批評、找碴、試著改變伴侶，這名女性也招來了批評、找碴和關係的終結。

有項關於人際關係的研究得出驚人的統計數據，他們發現對另一個人的每一次批評，無論是想法或言語，都必須要有十倍的正面想法才能讓關係延續，如果少於十倍的正面想法，這段關係就會惡化。如果這段關係是場婚姻，就很有可能以離婚告終。

沒有一段關係是完美的，但如果你能為每個批評找到十個正面想法，那麼你就是在試著欣賞那個人原來的樣子。畢竟，你也希望身邊的人是因為你原來的樣子而愛你吧？

實驗看看，試著去欣賞**不**完美的人際關係，對那些人原本的樣子抱持正面想法！如果你發現自己在批評或找某人的碴，就要尋找那個人十個正面的特性來糾正自己。只要你欣賞一段關係，即使不完美，你也會看到彼此的關係奇蹟般地好轉。就算你目前所有的人際關係都很好，透過以上實驗也會愈變愈好。

戀愛的祕訣

說到戀愛，許多人會在交友服務和約會 APP 上投入無數的時間和金錢，努力想找到心目中的完美伴侶。但只有吸引力法則才是真正的紅娘，你所需要做的就是思考和談論你想要的關係。思

考和談論理想伴侶的每件好事，然後放輕鬆，抱持好心情，將自己交給宇宙，讓宇宙把完美伴侶帶到你身邊，也把你帶到他們身邊。

從我們渺小的個人觀點，無法看見全貌，但宇宙從宏觀角度可以看見一切，知道誰才是誰的最佳伴侶。

人們或許會說自己想在一段關係裡感受到愛和快樂，結果卻被「誰」的細節所困擾，認為某個人才是完美關係的唯一答案。但宇宙能看到未來，它知道那個人是會滿足你的夢想，還是會成為你的夢魘。當你無法從某一個人身上感覺到愛，你或許認為吸引力法則無法起作用了，但並非如此。如果你**最大的**渴望是得到愛，且快樂又幸福地活著，那麼請聆聽宇宙的聲音，它說：「不是他或她，請讓開，我正努力把最完美的人送到你身邊。」

要非常小心，別太糾結於對象、地點、時間或方式，因為你可能會阻止自己最渴望的事物來到你身邊。

有位年輕女士非常確定自己已經遇到此生摯愛，唯一的問題是，他似乎沒有相同的感覺。他體貼親切，但僅此而已。然而，她還是沉浸於想像他可能對她訴說的浪漫情話，甚至幻想他們的愛情故事，為此寫下日記，就好像真的發生了一樣。然而這些幻想似乎讓他更想只待在「朋友區」。幾個月、幾年過去，他在她

的生活進進出出，所以她和自己約定，如果他再回來一次，就是
來自宇宙的訊號，他們注定要在一起。

　　就在此時，她開始新的工作，認識了一個男人，而最奇怪的事
發生了：他符合日記裡描述的一切。兩人深深地墜入愛河，這段
關係成了她人生中最美好的連結經驗，也是最幸福、最快樂的愛
情。她感謝宇宙回應了她真正深切想要的，而不是她以為自己想
要的人。宇宙為了回應她，給了她一個完美對象，可以給予她想
要的一切。

　　多相信生命一些，這是個友善的宇宙，一切都在**為你**而發生。
當問題涉及人際關係時，人們往往試圖無視吸引力法則，只想藉
之迫使某人愛上自己，但事情不是那樣的。你不能跳進別人的身
體，控制他們的思想，你只能掌握自己的想法。透過你的想法，
創造你自己的人生，而其他人則透過他們的想法，創造他們的人
生——你也不希望發生其他可能，不然其他人也能用他們的想法
主宰你的人生。你可以百分之百創造自己想要的生活，其他人也
可以完全自由地創造他們想要的生活。

你的願望就是對我的命令

　　你或許聽過把吸引力法則類比成阿拉丁神燈精靈。你的想法就像
許願，每一個想法，精靈都會回答：「你的願望就是對我的命令！」

　　精靈假設你所想的，即是你想要的；你所說的，即是你想要的；你所做的一切，都是你想要的。精靈從不會質疑你的命令，你提出要求，精靈馬上開始利用宇宙實現你的願望，給你想要的人、環境和事件。

　　但記住，精靈也有些不能打破的規矩，就像他向阿拉丁解釋的：「我不能讓一個人愛上另一個人！」

　　吸引力法則也是如此。你和吸引力法則是伙伴關係，你藉此創造**你自己的**人生。而不管有沒有自覺，每個和吸引力法則建立伙伴關係的人，也一樣在創造**他們自己的**生活。這表示你不能利用吸引力法則對抗別人的自由意志，如果我們之中有任何人想要剝奪別人的自由，不只會失敗，也可能吸引來被剝奪自由的狀況。

　　每個人都是自己人生的創造者，我們不能創造別人的人生，除非那個人有意識地想要如此。

　　吸引力法則的正確用法是想著快樂、和諧、充滿愛的關係，然後允許宇宙將完美的伴侶帶給你，不論那個人是誰。

　　事實上，許多人寫信問我要如何利用吸引力法則**贏回**此生所愛，而如你們所知，我們絕對無法凌駕他人的自由，為他們做出選擇。這就是為何需要伴侶雙方都想要同樣的東西，才會顯化成真。

自從《祕密》出版後，我看到成千上萬人找到完美的另一半，挽救了數百段婚姻，數不清的破裂感情轉變成極好的關係。想改變任何關係，你必須改變對它的想法；當你改變想法，一切都會改變。

在有意識地利用吸引力法則修復關係的例子中，有個故事格外引人注目。這位女士只是決定將對伴侶的注意力從她不喜歡的地方，轉移到她喜歡的部分。

這對情侶已經交往了一陣子，兩人還在熱戀初期。這位女士描述她的伴侶是個善良、慷慨又出色的人，然而，她也開始注意到他和自己的父親有點像，有些她不太喜歡的特質。首先，他不太愛乾淨，會把盤子留在洗碗槽，就跟她爸一樣；他會忘記打電話，就跟她爸一樣；他會迴避討論個人問題，就跟她爸一樣。她指責他沒有認真對待她，訊息傳得不夠勤，不夠體貼、不夠愛她。不可避免地，他們分手了，她心碎了。她明白自己失去了什麼，他真的是個體貼又可愛的人。她接受了分手完全是自己一手造成的，她太執著一些微不足道的瑕疵，忽視了他幾百個美好的特質。她希望他回心轉意，但她也放下了，決定無論他是否回到身邊，她都要開開心心的。她花時間獨自回憶他們共度的美好時光，沒有去想分手的痛苦。最後，他主動向她伸出了手，他們把小小的委屈放在一邊，重新點燃愛火。兩年過去了，他們的愛比過去更加強烈。

　　這位女士所做最棒的事，就是無論前任做出什麼決定，她都決定要開開心心的。在這種情況下，你必須準備好放手，無論這麼做有多困難。你愈想握緊害怕失去的東西，就愈可能將它推離。那些試圖緊握的想法充滿恐懼，如果你緊抓不放，你最害怕的事就會降臨到你身上。

　　不要害怕──只要想著你想要的。這種感覺好多了！

第四課
關係的創造過程

　　吸引力法則讓你可以擁有、成為或去做你想要的一**切**。那麼談到某一段關係，你**真正**想要的是什麼呢？

　　你是個創造者，可以依循一套簡單的過程，創造任何你想要的關係。歷史上最偉大的神祕主義者、智者、哲學家及思想家都共享這套「創造過程」。這是我知道駕馭吸引力法則最好的方法，也是最簡單的指引，讓你能用三個簡單步驟創造想要的關係。無論你是想找到完美的伴侶、擁有更多的愛或新的友誼，或是改變現存關係中你不喜歡的事物，過程都是一樣的。

第一步是要求。

你可以選擇你想要的關係,但你必須非常清楚自己想要什麼,如果你不明白,那麼吸引力法則無法帶來你想要的。你會發出令人混淆的訊息,只能吸引到雜亂的結果。或許,這是你這輩子第一次好好釐清自己真正想要什麼。

第二步是相信。

在你提出要求時,你必須相信自己**已經**得到想要的關係。你必須有完整徹底的信心,相信自己已經得到你所請求的。只有在你相信自己擁有那種完美的關係時,吸引力法則才能強力驅動所有情境、人物和事件,好讓你接收。

創造過程的第三步,也是最後一步,是接收。

提出要求,並相信你已經得到了,那麼接下來要獲得那段完美關係,你只須讓自己感覺美好就可以了。當你開心時,就處在接收的頻率上,會吸引所有的好事,你會得到你所要求的。除非得到這樣東西會讓你快樂,否則你也不會開口要求了,對嗎?不僅是美好的關係,只要讓自己處在好感覺的頻率,你會獲得想要的一切。

我們再仔細看看如何利用創造過程吸引一段新的戀愛關係。

第一步：要求

如果你想吸引到完美的伴侶，請先弄清楚你想要哪種關係。你希望這段關係是什麼樣的？列出你的要求。愛、陪伴、共同興趣、歡笑、親密感和幸福感，這只是其中幾種可能條件。

描述你的完美伴侶。坐下來，在紙上寫出夢中情人的所有正面特質，一定都要用現在式書寫，且盡量不要想著特定人士，而是想著你的理想型。對方的興趣是什麼？長相如何？穿著品味如何？做什麼工作？喜歡從事什麼休閒活動？價值觀是什麼？和家人親近嗎？信什麼教？是否心胸開放？是否自律？是否喜歡音樂？運動呢？喜歡參加派對還是宅男？喜歡吃什麼食物？心腸好嗎？對工作有熱情嗎？是成功導向嗎？經濟穩定嗎？對方的親朋好友是什麼樣的人？「家人」對他的意義是什麼？喜歡小孩嗎？對方身上最好的特質是什麼？你們有什麼共通點？

有位女士經歷過幾段不好的關係，才明白她要求的其實都錯了。她厭倦了過度戲劇化和虐待的關係，終於意識到自己主動吸引了這些錯誤的男人。最近一次分手後，她在心情最低落時，決定改變過去的模式，開始列出理想伴侶的特質清單，寫得非常具體，包括喜歡藝術、瑜伽、旅遊、家人、小孩和烹飪等共同興趣；更重要的是，她堅持理想伴侶要善良體貼，也像她一樣是個土生土長的紐約人。

　　不久後，她搬到美國的另一端工作。安頓下來後，她決定獨自去當地一家美術館。有個帥哥跟著她走進館裡，吸引了她的注意，她鼓起勇氣自我介紹，並很快了解到，他是個熱愛藝術和旅行的紐約客，因為專業廚師的工作搬到此地！他們一見如故，愈是了解彼此，她就愈驚訝地發現這男人符合清單上的許多特質。長話短說，一段戀情已然開花結果，他們現在訂婚了，正準備回紐約舉行婚禮。

　　現在你知道，自己能夠擁有任何的戀愛伴侶、任何一種關係，沒有任何限制，只要請求自己**真正**想要的。不必退而求其次，你可以擁有一切，你值得最好、最美妙、最開心、相互滿足的戀愛關係。所以儘管開口吧！

第二步：相信

　　藉由相信你所請求的這段夢想中的關係已經是你的了，來要求擁有它。這麼做的時候，宇宙會動員所有環境、人和事件讓你得到。在你等待完美伴侶出現時，你必須**繼續相信**。要有信心。你對於那個人已經在你的生命中，你已經在那段關係中的永恆信念，就是你最大的力量。

　　有位年輕的女士因為懷疑愛情，而真的推拒了所有戀愛的機會，甚至十幾歲時就相信愛情只屬於選美皇后，認為自己只是長

相平庸的青少年，確信在愛情裡注定不會走運。既可悲又諷刺的是，高中那幾年，她就成為非常有吸引力的女孩，然而她還是認為自己是個醜小鴨，即使擁有高回頭率，還是不能撼動她堅定的信念：她「不誘人」，不是男生會愛上的女孩。大學幾次失敗的戀情更強化了她的信念，以及對愛的不信任感。在每段感情中，她都全心投入，但幾個星期後，她的擔憂、恐懼及懷疑就會出現，不久後便會分手。她認為這更進一步證明她沒有愛情運。當然，吸引力法則說，你對一段關係的所思所想及信念，就是你從那段關係中能得到的，所以只要她懷著恐懼、不配和厄運的想法，她就注定繼續經歷失敗的關係。

畢業後，她在一家公司找到工作，幸運的是，她的同事是大學曾短暫約會過的年輕男子。一開始，男人逃避她，讓人覺得他不記得她。等她找到他對質，他承認這麼做的理由是因為當初分手時，女人傷透了他的心。她從沒想到自己是破壞關係的人，是她一手破壞自己找到真愛的機會。意識到這一點後，她和這個男人變得非常親密。他們又開始約會，並深深愛上彼此。由於她長久以來相信自己注定沒有愛情運，導致她破壞了每段親密關係。只要她意識到這一點，便可以放下錯誤的信念，順利找到真愛。

透過吸引力法則，你的信念形成你的世界，無論那些信念是真是假。

第三步：接收

　　如果你想談戀愛，或許最重要的事情是保持**好心情**。心情好的時候，會比心情不好時更容易相信自己將收穫真正想要的。

　　另外，心情好時，你所處的頻率會吸引所有的好事，讓你**接收**到你要求的事物。

　　我從一位女士那裡聽到一則故事，這或許是最好的例子，說明感覺美好的人能找到完美伴侶。她的生活十分困頓，與她結縭二十年的男人會虐待她，他的毒癮和暴力傾向讓整個家庭陷入貧困，住在南美洲最貧窮的區域裡。雖然經常被丈夫攻擊毆打，這女人從未抱怨，相反地，她保持著快樂的性格，特別是對她的兩個女兒。然而，她們母女終於無法再承受暴力，她幸運地帶著兩個女兒逃脫了。

　　接下來十一年，她保持單身，撫養兩個青少女，用她微薄的薪水供她們上大學。在她生活的地方，女人三十歲過後就很難找到有體面報酬的工作或創業，但她仍然沒有怨言，反而樂觀地談論她的夢想：她的海外「新生活」，以及她完美帥氣的新丈夫，一個可能來自美國或歐洲的外國人。說起新生活或婚姻時，她不把這些夢想當成未來，而是正在發生的事，所以她的家人朋友擔心她出現幻覺了。當她開始計畫海外旅行，並收拾所需的行李時，

他們認為她真的瘋了。她依然很窮，但還是申請了護照，以及旅行所需的簽證。

《祕密》說如果你有個直覺，就應該跟隨它，你會發現宇宙正在幫助你收穫你所要求的。而這正是這個女人在做的事。

不久後，住在歐洲的某個表親邀請她過去同住。這個女人的大女兒當時已經大學畢業，找到不錯的工作，可以幫母親支付機票錢，她開心地接受了。在旅程中，她認識一個有錢的西班牙商人，他就是她夢想中完美帥氣的外國男人。他待她像個公主，兩人陷入瘋狂的熱戀，他還邀請她回到西班牙那個能俯瞰大海的家。兩人現在住在一起，過著幸福快樂的日子。

不管處境如何，這個女人一直為接收自己渴望的一切做好準備。當她這麼做時，她發出了強大的信念和期望的訊號，而宇宙也非常樂意遵從。

假裝

如果你想遇到完美伴侶，你的行為一定要反映出你希望獲得的。那是什麼意思？意思是，你要假裝自己**現在**已經身處那段關係裡。

假裝自己已經得到完美伴侶或已身處那段關係裡，可以怎麼做？舉例來說：

- 你是否竭盡全力讓自己看起來是最好的，感覺起來也是最好的？

- 車子的副駕駛座是否保持乾淨整潔，留給你約會時的完美伴侶？

- 你的衣櫃有沒有空間放進完美伴侶的衣服？

- 別放一個人的餐具，何不放兩個人的？

- 睡覺時別睡中間，留下一半的空間，然後浴室裡放兩把牙刷？

這種創造性的方法無窮無盡，你可以採取具體的行動，以保證得到你想要的。

當你真正準備好接收，吸引力法則會利用環境、事件和人，將完美的關係帶給你。

遵循創造過程，吸引想要的關係，不要動搖你的信念，盡全力讓自己保持好心情，沒有什麼能阻止宇宙給予你想要的一切。

第五課
想像與關係

　　你整個人生就是你想像中的樣子。無論你是否意識到，你擁有或沒有的一切、每種情況和環境、你人生中的每段關係，都是你想像的樣子。問題在於，許多人都想像最糟糕的事！他們用最美好的工具來對付自己，不想著最好的事，只是恐懼並想像所有可能出錯的事。像這樣不斷想像和感受，那些事果然就發生了。請盡可能想像人際關係中最好的情況，因為你能想像的最好的事，對吸引力法則而言根本易如反掌！

　　記住，生活不是發生在你身上，而是在**回應你**。人生由你決定！人生中的每個領域都由你決定，無論是完美的伴侶、更美好

的婚姻或是和老闆相處更和諧，都只要讓自己進入接收頻率。想做到這一點，你需要想像並感受擁有那樣美好的關係是什麼模樣。

你在想像自己想要並熱愛的東西時，就是在利用吸引力法則。如果想像正向的事，例如一段充滿關懷和愛的關係，想像的時候很開心，那麼這就是你會得到的。你的想法、欲望和感覺創造了磁力，這磁力能將你想要的吸引到身邊。如果你能透過想著它、感覺它去想像，你就能接收到你想要的。

但你必須確保不是為了不想要什麼，而是為了實現自己想要的，才使用想像力。這就是在生活中掙扎的人和擁有美好生活的人之間的區別。擁有美好人生的人會想像他們要什麼，並滿足於自己的想像；掙扎求生的人無意間想像了自己不想要的，也不喜歡自己的想像。就是這麼簡單的不同，卻對人生帶來巨大的差異。

因此，如果你想吸引完美的關係，就按照你希望的模樣想像那段關係。接著，你只要感覺身處在那段關係中會是什麼感受即可。

有位女性接受了以上關於想像的建議，於是寫了一封信給未來的丈夫，感謝他對她這麼好，感謝他所有美好的性格，感謝他的善良和幽默，感謝他們有共同的興趣，例如古典音樂、旅遊、藝術和閱讀，並且描寫兩人共度了一場浪漫的約會。她甚至還沒遇見這個神祕對象，卻已經詳細描述了他們在一起的生活。如果你

聽說她很快找到完美的另一半，而他正如信中所描述的一樣，你也不會意外。那他們第一次約會去哪裡呢？正是她想像和描寫的地方。

觀想的強大過程

你能想像的一切都在等著你，等你從無形中完全創造出來。讓無形變成有形的方法，正是吸引力法則。在心裡想像、感受，就好像你已經擁有想要的東西，這個過程被稱為觀想。

觀想之所以如此有效，是因為你在腦中創造畫面，讓你覺得自己已經擁有想要的東西。

觀想是強烈地將想法集中在畫面上，透過這麼做引起同樣強烈的感覺。當你想像或觀想某件事物，就是將強大的頻率發射到宇宙中，吸引力法則會抓住這個訊號，將那些畫面變成你的人生送還給你，正如你在腦海中看到的那樣。

要觀想一段關係，只要閉上眼睛，想像你想要的那種關係。當你想像自己想在這段關係中做的所有事，就是在創造新的現實，你的潛意識和吸引力法則並不知道你是在想像，或者這畫面是不是真的。當你感覺到自己想像的關係很真實，也就是你全然相信時，你知道這一切已經滲透到你的潛意識中，而吸引力法則一定

會發揮作用。

觀想關係和其他願望的關鍵在於讓畫面保持生動，也讓你自己在畫面中保持生動。如果能讓畫面像電影般生動，你很快就能掌握觀想。如果畫面是靜止的，就很難讓畫面停留在腦海裡。此外，關係不是靜止的，而是生動活潑的，所以你的觀想會充滿了動作、活動，當然還有大量的對話，你的心智會被這些不斷變化的畫面占滿，沒有空間想別的事。

觀想時，請想像你想要的關係中可能出現的每個場景和情境，感覺你已經擁有了，想像並感覺擁有時的愛和感激。每天都這樣做，直到你覺得願望已經實現；一直這麼做，直到你知道那段關係屬於你，正如你知道你的名字屬於你一樣。可能一、兩天就能達到這種狀態，也可能需要更長的時間。此後的生活也繼續這麼做，要盡可能地擁抱好的想法和感覺，因為你擁有愈多美好的想法和感覺，就愈處在接收的頻率上，也能愈快接收到讓你覺得開心的事物！

用觀想創造夢想生活，就像在拍攝人生電影；事實上，你正在創作自己的人生電影。所以，你的人生電影進展如何？需要修改劇本嗎？或許修改劇中人物的關係？或許你想換個角色，或是增加愛情線？有沒有你想更動的地方？就是今天，運用你的想像力調整你的人生電影，因為今天觀想的內容將在明天上映。

願景板

另一種駕馭想像力吸引美好關係的方法是**願景板**。在願景板上，你能盡情發揮想像力，將想要的一切、想要的生活加進畫面裡。

當你看著願景板時，就是在將這些畫面刻在腦海裡。當你專注於願景板時，就能刺激你的感官，喚起內心正面的想法和感覺。然後你的兩個創造元素便能全力運轉，也就是你的心智和感覺。

無論你想要什麼，尋找那些事物的圖片，並放在願景板上。例如，你可以去找一對情侶、一群朋友、一個快樂的家庭、孩子、新生兒或假日和朋友伴侶出國度假的照片。你可以把你的照片放在夢中情人的照片旁邊，幫助你想像理想中的關係。

我認識一個女人，她靠著願景板的協助打破了失敗戀情的循環。基本上，她單身了十年，一次次的約會都以失敗告終，所以將願景板當作最後的手段。她蒐集典型的情侶照片——親吻的、跳舞的、擁抱的，還有其他浪漫的照片，然後寫上充滿希望且樂觀的話語，例如「未來老公」「此生摯愛」還有「戀愛」。她跟人約會時，即使沒有成功，仍然對一步步靠近完美伴侶這件事抱持希望和感激。她是對的，等他終於出現，她已經準備好了。他們墜入愛河，現在正一起計畫未來的生活。這一切都是因為願景板。

一定要把願景板放在你每天能看到的地方。**感受**現在就擁有那些事物的感覺，你愈是感受、愈是相信，這一切就能愈快實現。

寫日記

寫作或寫日記是運用想像力建立美妙關係的另一個好方法。

如果你想將完美的伴侶吸引到你的生活中，你可以用文字準確描述那個人的模樣、你們戀愛的種種。你可以寫下喜歡什麼、不喜歡什麼，以及對方的品味、嗜好、家庭背景、職業和任何對你重要的事。你應該能列出至少一百項來描述你的完美伴侶，然後等待，看看宇宙如何將符合你描述的人融入你的生活。

一個年輕人從一場極其逼真的夢中醒來，他相信剛剛遇見了此生摯愛。他說，她是個亞洲人，一頭長長的黑髮，比他矮很多。他跟朋友說自己在夢中見到未來老婆時，他們都笑了，但對他來說，那不是笑話。然而，幾年過去了，那女孩毫無蹤跡，他開始失去希望。然後她又進入他夢中，這次，他記得她的名字：阿玉。他決定寫下一個故事，描述一名男子夢想中的女孩來探訪他。他稱這個故事為「夢中女孩」，並且仔細描述女主角的模樣，還用了夢中情人的名字「阿玉」。

不久後，他在社交媒體網站隨意瀏覽時，無意間看見一名亞

洲女性的檔案，看來非常眼熟，但她的檔案上了鎖，所以無法聯繫，只好作罷，而且她的名字不叫阿玉。幾天後，同一個女人傳來好友邀請，她也看到他的檔案，覺得想認識他。他們馬上建立聯繫，也很快墜入愛河。你相信嗎？她的中間名就叫阿玉！他不只夢到夢中情人，還將她寫進人生中。

假想遊戲

另一個用想像力改變關係的方法是，在心裡創造遊戲，並且在心裡玩遊戲。

人生到了某個階段，我們就不再像小時候那樣玩耍取樂，結果長大後，我們的生活變得愈來愈嚴肅，但嚴肅會為人生帶來嚴肅的狀況。你在開心玩耍時，心裡會很快樂，然後，瞧，好事就這麼來到你的生活中。

關鍵在於，生活應該是有趣的。運用吸引力法則，用你的想像力發明遊戲，因為吸引力法則不在乎你是在想像中玩耍，或者那是真的。不管你想像什麼、感覺什麼，都會成真！

怎麼玩？跟小時候的你做一樣的事，用想像力創造假想遊戲。

小時候扮家家酒時，你記得自己的想像力多有說服力嗎？你想

要實現任何事，就必須這麼做。在內心深處，你祕密地假裝自己已經擁有想要的，例如你想要美好的友誼，便假想或假裝你已經擁有了。在你想像並感覺自己現在已經有好朋友，**多於**注意到自己沒有的那一刻，你將會扭轉局面，擁有很多好朋友。這道簡單的公式適用於一切。

　　如果你想要一段戀愛，那就假裝你已經有了。玩！假裝你正和完美伴侶相親，對方會是什麼模樣？如果你剛剛遇到此生摯愛，你會有什麼感覺？你的感覺會和現在不一樣，你的一切都會改變，走路不一樣、說話不一樣，你會表現得好像幸福到極點。現在就那樣走路！現在就那樣說話！假裝你現在就擁有它！

　　無論你想要什麼，運用你的想像力，創造遊戲，盡情地玩。盡你所能讓自己感覺已經得到想要的，用衣服、圖片、照片等和你想創造的事物相關的東西包圍自己，利用你能找到的每樣道具來幫助自己，這樣就能想像和感受擁有那段關係的感覺。

　　接下來的例子非常不可思議。有個年輕的單親媽媽尋找愛情已經三年多了，有一天，她在城市裡找路，這時商店櫥窗裡一件婚紗吸引了她的目光。她走近仔細察看，店員鼓勵她試穿，她違背了所有常識或理由，竟然買下那件婚紗。說明一下，她現在沒有伴侶，所以也沒有結婚計畫，更不需要婚紗。在商店外，她遇到一個看起來很眼熟的男人，他和她喜歡的演員長得一模一樣，

她還用那演員的臉當作電腦螢幕保護程式。接下來的巧合比小說還離奇，他剛好也在找同一個地址，所以他們一起出發尋找。不用說，他們一拍即合，也很快地開始約會。幾個月內，他們同居了，現在已經幸福地結婚了。令人難以置信的是，這個女人藉由電腦螢幕保護程式，以及買婚紗這個強大行動的幫助，吸引到她的丈夫。

　　不論你如何運用想像力來吸引更好的新關係，重要的是在你觀想時要覺得開心，在想像理想關係時捕捉那種能量。想駕馭想法和感覺的力量來得到你想要的事物，只需要想像並感受你的願望，一閃而過就足矣！這就是玩遊戲，這就是樂趣，這就是創造人生的喜悅。

第六課

感恩與關係

　　古老的靈性傳統教導我們，在全心全意感謝他人時，會以我們幾乎無法理解的方式豐富我們的生活。科學證實了這一點，研究顯示，懂得感恩的人擁有更親密的關係，與家人、朋友和廣大社群的聯繫更緊密。研究也指出，那些表達出感激的人對現有的生活、對未來都更加樂觀積極。

　　當你心存感激時，你是快樂的，你會成為一塊磁石，吸引生活中快樂的人、快樂的情境和快樂的事件。感恩是不幸到幸福之間的橋梁，也讓人可以從絕望孤寂，進入充滿愛、歡愉和美好關係的人生。

　　我知道有成千上萬身處最糟糕情況的人，透過感恩完全改變了他們的生活。我知道有破碎的關係變得美好，失敗的婚姻完全修復，疏遠的家人再次團聚，親子關係也發生了變化。

　　如果你的感恩只有一點點，你的關係和人生只會改變一點點。如果你經常對事物懷抱感激，每天都如此，你的關係和你的生活會以超乎想像的方式發生變化。

　　無論你是對一個人表達感謝，或是對一份禮物、一次日落、一次分享的經驗或一段新的關係覺得感恩，根據吸引力法則，你將會得到更多快樂、更多禮物、更多美好的經驗，在關係中也會有更多的愛。

感恩練習

　　現在試試看。想著你感激的人，你可以選擇世界上你最愛的人，或是選擇和你不合的人，專心想著那個人，想著你對那個人所有的愛和感激，然後在你腦海裡說，或是大聲說出來，告訴那個人你對他的愛和感謝，就像他和你在一起一樣。告訴對方你愛他的理由，你可以說「我記得那時候……」（填入某件事），用以回想特定的情景或時刻。當你這樣做的時候，感恩會開始充滿你的身心。

在這個簡單的練習中，你感受到的愛和感激一定會回報到你的關係中，回報到你的人生中。透過感恩改變人生就是這麼簡單。

我認識一個女人，她人生中大部分時間和母親的關係都很緊張，雖然過去曾發生一些激烈的爭執，但其實她們只是截然不同的兩個人，在一段關係中期待著不同的事情。母親非常含蓄，女兒卻很熱情，因此，她們從來沒有親近過，而且隨著時間過去，她們乾脆停止溝通。然後，隨著母親年華老去，視力開始衰退，女兒覺得有必要重新評估母女的關係，並重新連結。

她做的第一件事就是回想自己長大的過程，列出她感謝母親所做的每一件事。例如，她母親為她縫製的衣服，她母親為家人種植的蔬菜，她照料的大花園，還有多年來的辛勤工作和照顧。年輕女人對這一切表示感謝，然後計劃去看望母親。

她們見面時，一切都改變了。平時的緊張感消失了，取而代之的是愛和幸福。母親第一次給了女兒一個溫暖的擁抱，兩人承諾要定期聯繫，也建立起信任和支持的新關係。女兒夢寐以求的母女關係，終於成真。

感恩從兩個簡單的字開始 —— **謝謝**，但要讓力量真正變得強大，你必須由衷覺得感恩。你愈常說**謝謝**，就愈能感覺到它，也能愈快在你的生活中看到結果。

如何感恩

有三種方法可以在生活中使用感恩的力量：

第一，感謝你過去得到的。

第二，感謝你現在得到的。

第三，善用感恩的力量來感謝你**想要**的，就好像你已經得到了一樣。

當你感謝過去的關係，你感受到的感恩會改善你的關係，並吸引讓你感恩的新關係。

當你感謝現在的關係，即使並不完美，關係也會愈來愈好。

當你感謝未來想要的關係，就像在感謝它們已經成為你生活的一部分，一定會實現。

對你過去、現在和未來的關係表達感激，能為人生吸引更多愛和幸福，超乎你的想像。那是因為感恩是人生最大的加乘器！在你感謝自己已經得到或正在得到的事物，它能**成倍地**給你那些東西。同時，感恩會帶來你想要的！當你對想要的東西心存感恩，

就好像你已經得到了，那麼吸引力法則說你一**定**會得到。

如果你不感謝自己已得到或正在得到的，你就沒有力量改變現在的生活。

理所當然

當我們對生活中的每一件事都不抱持感激時，很容易在無意間將自己擁有的一切視為理所當然。將關係視為理所當然會對生活造成很多負面影響，因為這麼做的時候，也是在無意中將自己視為理所當然。吸引力法則說，同類相吸，所以如果我們將別人視為理所當然，自己也會受到同樣的對待。

問問自己：

你只在需要的時候才會感謝你的朋友嗎？是否在大多數時候都將他們視為理所當然？

你只在一切順利的時候才感謝你愛的人嗎？你只在關係發生問題時才會討論嗎？

你感謝父母賜予你生命，或是視為理所當然呢？

正如感謝能加乘讓我們感激的事物，將事物視為理所當然，也會讓我們失去那些東西。

如果可以，對生活中的一切都抱持感恩的心，不要認為任何人、任何事是理所當然。感謝你愛的人、朋友、孩子、寵物……還有你愛人與被愛的能力。

無論去哪裡，都要讚美別人。做你身邊人的陽光，讓他們的日子因為見到你而更加美好。處處都要說謝謝，走路、說話、思考、呼吸，都要覺得感激。當你這麼做時，你已經鎖定感激頻率，一切美好的事物都將屬於你。

研究發現，一般人因為提供服務而得到感謝時，他們願意為感謝他們的人做更多事情；如果感謝來自配偶或伴侶，這種結果更加明顯。對另一半的善舉表示感謝時，對方就有動機做出更多好事。這會激發伴侶更多感恩和善舉，直到像滾雪球般變成良善和感恩的循環。這完美地體現了吸引力法則。想要維持好的循環，只需要一點點感恩。

感謝不和諧的關係

你可以利用感恩來改善任何不和諧或負面的關係，只要找出對方身上你喜愛且感謝的地方即可。這一開始可能有點困難，尤其

是你不喜歡那個人已經有段時間了。刻意努力，不斷在對方身上尋找你欣賞和感激的東西，等你這麼做了，你會驚訝於接下來發生的事。在你看來，對方似乎發生了不可思議的事，但你的感恩才是最不可思議的，因為感恩化解了否定，包括關係中的負面態度。只要對那個人抱持感恩，關係中的一切都會改變！

對這個男人來說，他最不和諧的關係就是脾氣暴躁的同事變成他的組長。他在一個六人的小團隊中，似乎每天都會有人受到組長的嚴格審查，每個小錯誤都會被嚴厲懲罰，他會咆哮、扔紙筆，會把每個小問題都提報給高層。一開始，他還能避開組長的憤怒，但漸漸地，他發現自己成為組長怒氣發洩的目標。他開始害怕每天的言語虐待，變得沮喪，甚至開始質疑自己作為員工和個人的價值。

然後，他決定改變。他不再思考和擔心組長什麼時候又要發脾氣，他要採取措施，改變這段關係的本質。從那時起，每當他受到任何辱罵或批評，他的回應都是謝謝組長糾正他的錯誤。他告訴組長，他很感謝對方幫助他變成更好、更有價值的員工，並且稱讚組長出色的領導力和其他特質。結果立竿見影。責罵、批評和抱怨停止了，組長還破天荒地感謝他的工作表現，甚至開始跟他聊天，就好像他們是老朋友一樣。對其他成員來說，組長並沒有真正改變什麼，他們還是會受到嚴厲的批評，但至少他可以大幅改善自己的工作氛圍。

　　每一段關係中都有黃金般美好的地方，即使是最難相處或充滿負面態度的關係。為了給所有關係和人生帶來豐盛富足，你必須找到關係中的黃金。

感激失敗的關係

　　藉由練習感恩，也有可能從任何失敗的關係殘骸中搶救出黃金。

　　如果你發現自己處於失敗關係的殘骸中，請回想這段歷史，列出你對那個人所有感激之處。最簡單的方法是回想這段關係惡化或結束**之前**的情況。如果它從來沒好過，那麼努力想想那個人身上的良好特質，或是你從這段關係中學到的事。

　　例如，如果你的前伴侶透過孩子和你聯繫在一起，而這段關係並不好，請看看你孩子們的臉，想想如果不是前伴侶，就沒有他們，你的孩子是你最珍貴的禮物。看看你的孩子，每天都感謝前伴侶賜予他們生命。如此一來，除了能為關係帶來和平與和諧，在你的榜樣下，也能教導孩子使用人生最偉大的工具——感恩。

　　當你反思一段失敗的關係時，要記住這個練習不是追究誰對誰錯，某人對你做了什麼、說了什麼或是如何傷害了你，這些都不重要，**你**可以療癒這段關係，而且不需要另一個人就能辦到。透

過感恩改變一段關係，只需要一個人就能做到，但只有感恩的那個人才能在人生中得到這麼做帶來的好處。

　　這個女人在還是小女孩時，對父親的認識就是酗酒、吸毒、虐待成性的男人，一直在監獄進進出出。兒童及青少年時期的她，埋怨自己缺乏父愛，即使長大了，也懷疑連自己的父親都不能愛她，還有誰會愛她。最終她意識到，她必須原諒父親，才能繼續她的人生。無論他在哪裡，她都祝福他，並感謝父親讓她知道自己想成為什麼樣的父母、什麼樣的人。透過父親的例子，她知道自己想保護和珍惜她愛的人，盡可能幫助他們，讓他們幸福。她選擇感激，所以現在她順利實現了自己的夢想，有個心愛的丈夫、三個漂亮的孩子和美好的生活。

　　當你刻意去感激生活中的所有關係，無論是過去或現在的，奇蹟就會發生。在純粹感恩的正向狀態中，面對過去任何衝突或不良的關係，你將能體驗到如釋重負與一切都結束了的平靜。你也將看見現有的關係大幅改善，並迎來令人滿足的新關係進入生活中。你將告別恐懼、憂慮、悲傷和沮喪，取而代之的是幸福、清明、耐心、仁慈、憐憫、理解與內心的平靜。這就是感恩的力量。

第七課

你的祕密

　　我們常對自己吹毛求疵，一點也不愛自己。尋找人生中的愛時，不愛自己可能讓我們得不到想要的東西。當我們不愛自己，就會將想要的愛推離身邊。

　　除非先把自己填滿，否則你沒有什麼能給予他人。如果你想吸引新的或更好的關係，必須先照顧好自己。如果不以愛和尊重對待自己，就是對宇宙發出訊號，告訴宇宙「我不值得被愛」。那個訊號會不斷傳播，你也將經歷更多不被他人所愛、所尊重的情況。那些人只是果，你的想法才是因。

　　批評自己的想法會對生活造成最大的傷害，因為這會讓你的心情非常不好。無論你去哪裡，無論你做什麼，時時刻刻都會帶著那些負面感受，汙染了你接觸的一切，汙染了你對世界的感知，也影響你生活的每個層面。對自己的負面想法就像個磁鐵，吸引對自己行為更多的不滿和失望。

改變你對自己的想法

　　你可以透過改變對自己的看法，來改變你的感覺。在你這麼做的時候，吸引力法則會動員整個宇宙來配合你散發出來的感覺，你的人生會充滿愛你和尊重你的人。

　　我認識一個女人，她在任何社交場合都很難自在，因為她對自己的評價並不高。事實上，她覺得自己不值得被人注意，無論她去哪裡，或是和誰在一起，她都覺得別人比她出色。在她心裡，她是其他人的備胎，只能困在陰影裡。雖然她知道低估了自己，但就是不斷認為自己不夠好。她的感情生活很苦，每段關係都因為她認為自己不值得而注定失敗。

　　直到她決定改變自己的思維方式，處境才開始改變。她不再覺得別人優於自己，她自己也會發光。她知道自己走在街上或走進一個房間時，也會有人回頭看她。她一再告訴自己，她已經足夠好了。她開始欣賞自己、重視自己，相信她值得最好的事。隨著

這種新的自信而來的是,她感覺非常快樂。當然,吸引力法則不可避免地回應了那些好的想法和感覺,這個女人也很快地遇到一生的摯愛。她說,自從他們相遇那天開始,她就沒有停止微笑,她覺得以後都會這樣快樂。

這個女人不再認為自己沒有價值,開始以更正面的方式看待自己。她發現愈是專注於對自己有好的感覺,就會有愈多好事來到生命裡,包括完美的另一半。她也知道必須對自己充滿美好正向的想法和感覺,才能帶來人生的豐盈。事實上,如果你不愛自己,就不可能真正地快樂;如果你不愛自己,就是阻擋了宇宙給予你的所有愛和美好。

愛上自己

想創造你的夢想生活,包括美好的關係和不可動搖的幸福,是時候愛上自己了。愛上自己不是變得傲慢或自負,而是給自己健康的愛和尊重,愛你現在的模樣。當你愛自己時,你會成為愛的磁鐵,吸引更多愛進入關係中,更多你愛的事物進入你的生活中。愛你自己,這個世界才能愛你。

那麼,要怎麼愛上自己?

愛上自己就像愛上別人一樣——崇拜他們的一**切**!愛上他人

時，你看到的、聽到的、說出口的、全心**感覺**到的，都只有愛。找出自己所有的優點，做所有讓**你**感覺美好的事，愛上**你自己**。

　　無論你在哪裡、做什麼，都要尋找你愛的事物。想想你愛的，談談你愛的，做你愛做的，且帶著熱情去做，直到心滿溢著熱情。等你盡全力熱愛你所做的任何事時，就能吸引你愛的人、你愛的關係和你愛的所有事物來到你身旁。一顆充滿熱情的心是宇宙間最大的吸引力。

　　有個準新娘被未婚夫遺棄在聖壇前，他為了另一個女人毫不客氣地甩了她。傷心欲絕的她自我價值感直線下降，花了兩年時間試著用「祕密」贏回他的心，但這注定會失敗，他的自由意志是和其他人在一起。最終她放手了，決定尋找自己的真愛。為此，她明白必須學習愛自己，並真正開始享受生活，如此宇宙才能將完美的伴侶帶給她。首先，她找到新的興趣：攀岩。她覺得這項新活動能讓她的心充滿快樂，因此毫不意外地，攀岩最終為她帶來人生中的新歡——一個攀岩同好。約會、攀岩、爬山兩年後，她覺得自己真的幸福到極點。

快樂吸引快樂

　　你的任務是每天盡可能地去愛。盡可能地熱愛今天的一切，包括自己，遠離你不愛的事物。如果你可以這麼做，明天將充滿你

所愛的一切，擁有數不清的幸福。

　　對許多人來說，這是違反直覺的，他們不知道自己感覺不被愛時，還要如何去愛。但是沒有別的辦法，為了得到愛，你必須先去愛；為了得到說不盡的幸福，你必須先快樂起來。

　　「祕密」背後有個偉大的祕密。

　　事實上，這是滿足人生中所有渴望的捷徑：

現在就要快樂！

　　這是吸引幸福與愛的關係最快的方法，也能最快地吸引任何想要的事物進入你的生活。專注於把那些幸福快樂的想法與感覺散發到宇宙中，如此一來，你能吸引到更多讓自己幸福快樂的事物。

　　不幸的是，多數人對幸福都有錯誤的想法。我們相信，只要得到自己想要的，就會快樂。

　　但如果你一直在生活中對自己說：「我找到真愛就會快樂了。」或是：「我離婚就會快樂了。」或是：「我認識新朋友就會快樂了。」或是：「我的家庭問題解決後就會快樂了。」或是：「老

闆尊重我就會快樂了。」那麼你永遠不會擁有那些事物，因為你的想法違反了生命運作的方式，違反了吸引力法則。

你必須**先**開心，才能接收到快樂的事物！你必須讓自己充滿幸福，才能吸引幸福的情境、快樂的人和愉快的關係。只有這樣做才行，因為無論你想在人生中得到什麼，都必須先去想、去感受！

這是個簡單的公式……**快樂吸引快樂**。

人們找了許多藉口，解釋他們為何不能快樂，以及為何不能使用這道簡單的公式，但法則就是如此：現在快樂，就能吸引更多讓你快樂的事物。

不論處境如何都要快樂

不論你的生活狀況如何，你得開始感覺快樂，才能吸引更多快樂或幸福的關係。吸引力法則說，現在就要快樂，只要你一直快樂，就能接收到無限的幸福，生活中也會充滿讓你快樂的事物。

有個女人一生都夢想著結婚，擁有快樂、健全且充滿愛的家庭，一個屬於自己的家庭。然而，結婚後，她和丈夫卻背負著他以前的債務。此外，他們都患有輕微的憂鬱症，所以彼此同意先不要生小孩。隨著時間推移，快樂家庭生活的願景似乎愈來愈

遠，在一起十年後，丈夫離開了，她的幸福夢想似乎永遠破滅了。

　　經過心碎和難堪的離婚，她展開自愛之旅，並在瑜伽中找到慰藉，這是她人生的救贖。她也開始寵愛姪子、姪女，這和擁有自己的家庭不太一樣，但也可以。提醒你，她一直沒有完全放棄她的人生夢想，還是會想像自己的家、完美的伴侶──深情體貼、沒有債務，在她的家鄉擁有自己的平面設計公司。如你所見，她的願望清單非常具體。然而，她還是繼續過著單身生活，內心卻也感到真正地快樂。

　　不久之後，她在網路上認識一個人，這個人和她的願望清單如出一轍，連最小的細節都一樣。他非常深情體貼，擁有一家平面設計公司，有自己的房子，而且很像她一直夢想的家。他們墜入愛河，後來還訂婚了。他們計畫共組家庭，過著她做夢都想不到的幸福生活。

　　但當然，這種幸福並非來自結婚、擁有家庭或住在夢想的房子裡，恰恰相反。因為這個女人無論生活中發生什麼事，都可以讓自己充滿幸福，她才能吸引到幸福的婚姻、家庭、房子和人生。

　　你的人生掌握在你手中。不論過去發生什麼事，現在你都能有意識地選擇充滿幸福的人生。幸福來自你只注意讓你快樂的事，忽略不快樂的想法。如果你只注意快樂的想法，你不只會更快

樂，生活中的每個層面都會改善！幸福和愛就像硬幣的兩面，沒有給予愛和感受愛，就無法擁有幸福。

　　無論你犯過多少錯，無論你在人生的哪個階段，無論**你**怎麼看待自己，宇宙都全心全意地愛著你。當你開始愛自己，其他人的愛一定會找到你。

第八課
最大的禮物

　　根據吸引力法則，在人生的每個境況和時刻，你收穫的都來自於你的付出，不論你是否將兩者連結起來。很簡單，怎麼收穫就怎麼栽。

　　如果你想得到愛和欣賞，那麼你必須給予愛和欣賞，這很合理。

　　每一天，無論你遇到誰，朋友、家人、同事，甚至是陌生人，都有數不盡的機會可以付出愛和欣賞。對某人投予微笑、讚美、友好的話或舉動，甚至只是私底下在心裡愛著某個人，每一個都是給予愛和欣賞的例子。

　　當你快樂時，一定能給接觸到的每個人正向的態度和愛，真的，即使只是在商店、公車、電梯，甚至是電話裡短暫接觸的人。當你的美好感覺讓與你有連結的人感受到不同，那種狀態對**你**人生的影響幾乎不可思議。當你對任何人付出愛與關懷，愛也將回到你身上，但會用一種比你所了解的更棒的方式。

　　當你對另一個人付出了愛，你的愛會正向地影響對方，他們會再把愛傳給其他人。不論有多少人受到正面影響，不論你的愛傳遞多遠，**所有**愛都會回到**你**身上──愛會以你所愛的境況、人和事件回到你身邊。

　　有個年輕女性利用以下練習療癒了一顆破碎的心，遇到了一生的摯愛。在這之前，她因為一段斷斷續續維持了三年的親密關係，情緒一直像坐雲霄飛車一般，光是最後一年，男友就和她分手了四次。男友不是不愛她，卻無法給她承諾，而她確定男友絕無意傷她，但他的不安全感和優柔寡斷還是讓她非常心痛。在他們最後一次分手，她開始進行在我的書《魔法》讀到的練習：給予他人不求回報的愛，然後他們會與某他人分享那份愛，一傳十，十傳百，成為連鎖的愛，再以最意想不到的方式回到你身上。

　　這位女士一開始先練習志願幫助深陷憂鬱和焦慮的人。巧合的是，在志願服務的過程中，她認識了善良、富有同情心，在許多方面都很完美的男人，他們一見如故。儘管她並未尋找愛情，新

的關係還是逐漸萌芽，開花結果。只是付出時間、愛和同情心給其他人，她便能獲得比想像中更多的愛和同情。

就在那時，她的前男友回來祈求她的原諒，堅持說他已經改變了，甚至下跪求婚。在她看來，他似乎非常真誠，她覺得前男友真的改變了，成為她從第一次分手後便一直渴望的那個人。但她堅持住了，委婉地拒絕他的求婚，並祝他一切順利。

與此同時，她對自己承諾，一定要享受她和夢中情人的新戀情，那種她過去一直認為不可能擁有的愛情關係。

全心付出

最強大的練習是給予，但不要求回報。當你全心付出，吸引力法則會抓住訊號，將愛回報到你的生活中。

你也會發現全心付出是你能做的最快樂的事，因為你付出了最好的自己！你給予的是你真正的本質，也就是愛。

的確，我們最大的力量是愛，而我們每個人都擁有無限的愛。

沒有一個人的愛比較少，也沒有一個人能付出的愛有所限制，我們每天都有機會帶著我們擁有的這種巨大的、無限制的力量出

發，並將它給予每個接觸到的人。

你一天給予他人多少愛？

欣賞、讚美、感恩、微笑和對他人說友好的話，就是在給予愛。在開車時，你可以對路上遇到的其他駕駛表示禮貌，或是給停車場員工一個微笑。你可以給為你煮咖啡的店員一句溫暖的問候，或是讓陌生人先進電梯，問他們要去哪一樓，幫他們按電梯，就可以付出你的愛。如果有人掉了東西，你可以幫他們撿起來。你也可以給你愛的人溫暖的擁抱，可以欣賞每個人，給予鼓勵。

我們是一體的

給予愛之後，愛會回到我們身邊，因為我們是一體的。我們彼此相互連結，是唯一能量場、唯一至高心靈、一體意識，或說是同一創造源的一部分。隨你怎麼稱呼，但我們都是一體的。

如果以「我們都是一體」的觀點來思考吸引力法則，你會看到其絕對的完美性。

你會明白為什麼對他人的負面想法，回過頭來傷害的還是只有自己。

　　當你呼召吸引力法則為自己要求某樣事物時，也試著為每個人請求。為自己要求好事，也為每個人要求好事；讓自己富裕，也讓每個人富裕；讓自己健康，也讓每個人健康；讓自己高興，也讓每個人高興；讓自己擁有愛、幸福與和諧的關係，也讓世上每個人擁有愛、幸福與和諧的關係。

　　如果數十億人都為你祈求這些事，你能想像那會怎麼樣嗎？

　　你能做的一點小事，就能帶來不可思議的結果。

　　有個中年女性把付出視為她最喜歡做的事，然而，在短時間內接連經歷幾個悲慘情況後，她的整個世界都動搖了。一開始，她的姊妹死於癌症，後來兄弟死於意外，母親也因久病離世。最重要的是，她的婚姻在維持三十九年後破裂了。然而，她克服了痛苦，夢想著更美好的未來，她可以讓這個世界變得更美好。她最大的夢想是用最愛的音樂和騎馬來教導並幫助孩童。

　　在家庭遭受重創期間，她兒子一直要求她去哥斯大黎加看他。辦好離婚手續後，她同意了，尤其是現在還有個剛出生的小孫子等著她。她馬上就愛上哥斯大黎加，不只是那裡的天氣和生活方式，還有許多的機會。她能教當地孩子英文，也能幫他們上吉他課和騎馬課，這是她一直夢寐以求的工作。她還遇到了夢中情人。他有好幾匹馬，他們結婚了，一起住在哥斯大黎加的美麗家

園。但當然，這只是付出的回報，回報給一個最大的渴望就是付出的女人。

獻出你的愛，因為這能吸引生命的富足。你的人生會變得比想像得更豐富，因為付出愛的同時，也是在實現你生命的全部目的；付出愛的同時，你也將收穫許多愛和快樂，多到你幾乎無法承受。但是你**可以**接受無限的愛和快樂，因為這就是你，因為愛就是你生命的目的。

給予愛是與吸引力法則完全和諧同行的最終途徑。事實上，吸引力法則一直被稱為愛的法則，因為法則本身就是愛給人類的禮物。這是我們可以為自己創造美妙生活的法則，付出愈多的愛，就愈有力量創造充滿愛、喜悅與和諧的美好生活。

摘要
愛的祕密

　　你的人際關係掌握在你手中，現在是什麼狀態並不重要，到目前為止發生了什麼事也不重要。你可以開始有意識地選擇自己的想法，也可以改變生活中的任何關係，或吸引任何你想要的新關係。在這個壯麗的星球上，你被賦予了創造自己全部人生的奇妙力量。你能為自己創造的事物沒有極限，因為你思考好事的能力是無限的。基於你今天的想法，關係的和諧、幸福和愛都將在未來降臨到你身上。

　　請記住，透過你的想法，你創造了自己的人生，但你不能創造他人的人生。你不能為他們思考，如果你試著將個人意見強加到其他人身上，只會吸引他人對你做同樣的事情。強加意志，是不允許別人有自由做他自己，如此也會引來發現自己無能為力的負面情況或事件。

　　所以，讓其他人創造他們自己想要的生活，讓他們做想做的事，和自己想在一起的人相處，愛他們想愛的人。

　　做起來可能很難，許多因為心碎寫信給我的人都會證明這一點。

　　然而，如果你發現自己身處困境，這也不是世界末日。無論你是飽受心碎之苦，還是單戀，或是覺得寂寞，都還有一線希望。

　　你看，正是艱困時期讓我們有最大的渴望改變生活。讓自己變得更好的巨大渴望就像一團有磁力的火，力量非常強大，而對萬事萬物心懷感恩，能讓那團火點燃內心的渴望。燃燒的渴望會給你力量和決心，你**將**改變你的生活。

　　生活中的一切都呈現在你面前，所以你可以選擇想要和不想要什麼。人生就像一本型錄，由你從中選擇，只要把注意力和念頭放在那樣東西上就行了！人生型錄包含許多你不想要的東西，所以小心別在不經意間想著它們而做出選擇。只有想著你想要的事物，才能帶來你想要的！

　　所以當你看到一對熱戀中的情侶，而你也迫切地希望生活中有個伴侶，看著那對情侶時就要感覺快樂。人生型錄向你展示了幸福的情侶，好讓你可以選擇。如果你看到那對情侶卻感覺難過、寂寞，吸引力法則會接收到「我想要難過、寂寞」，因為這是你

的注意力所在。你必須想著自己想要的，才能接收到你想要的。

如果你對任何人擁有的任何東西都感覺美好，就是在將那些帶到你身邊。如果你為另一個人的成功、幸福或他擁有的好東西感到開心，你就是在為自己從人生型錄中選擇那些東西。

如果你遇到一個人，對方擁有你所喜歡的性格，那麼去愛那個人身上的性格，這些性格就會來到你身上。如果有人很聰明、漂亮或是有才華，熱愛這些特質，你就是在為**你**自己選擇那些特質！

當你看到那對快樂的情侶、享受彼此陪伴的朋友、歡笑的孩子或可能的伴侶，這表示你和那件事處在同一個頻率上！要快樂，你快樂就是在選擇它，你的快樂正吸引著美好朝你而來。

你來到這個世界是為了創造你想要的人生，而你的心智是最強大的工具，能將你想要的帶給你，只要專注地想著你想要的！正向、感恩、欣賞和給予愛是很容易的，因為那些事能讓你充滿純粹的正能量和美好的感受。而當我們抱持負面心態、吹毛求疵、把事情視為理所當然時，會從我們身上帶走很多能量。

人生掌握在自己手中，每個人都一樣。一個想法可以改變一切！你可以成為自己想要成為的、做自己想做的、擁有自己想要

的東西。永遠抱持欣賞、感激和愛的想法，你可以與生活中每個
人建立夢想中的關係。

　願喜悅與你同在。

朗達・拜恩

Rhonda Byrne

健康的祕密

引言
健康的祕密

　　大多時候，我們應該感覺自己健康、充滿活力又快樂，因為這是人與生俱來的權利。然而事實上，許多人並不經常有這種感覺。他們正面臨著疾病、身體機能走下坡的問題，或是遭受憂鬱症和其他心理健康問題的折磨，這些都是不完整的健康狀態。

　　完美的健康狀態是人與生俱來的權利，每個人都應該擁有，但若真是如此，為什麼不是每個人都健康無病呢？原因有很多，但影響大多數人的主要因素是，我們將心智的力量用於疾病，而不是健康和安適。

　　古老的靈性教導告訴我們，一個人的身體健康完全由潛意識控制，你將會發現，只要明白這一點，就能讓身體狀態重新朝著健康的方向發展。

　　人的一生當中，會在潛意識植入許多信念，我們認為正確的想

法都會進入潛意識成為信念，而信念也一定會從潛意識反映在我們的生活中。我們相信的，總會在人生中實現——除非改變信念。

最初來到這個世上時，你的潛意識是一張白紙，但隨著時間過去，你會吸收父母、老師、朋友及社會的意見、觀點和信念。許多你接收並進入潛意識的信念，都是從童年早期就已經存在，我們在幼年時沒有辨別能力，所以傾向接受成年人告訴我們的一切。

有些信念對你有益，像是「我只要下定決心，就無所不能」這類正面信念。但是在健康方面，許多人帶著對他們無益的信念，例如有關過敏、容易感冒或某些家族遺傳疾病等。除非你的信念是擁有完美的健康狀態，否則都沒有幫助。

好消息是，透過重複念頭來改變潛意識是相對容易的，這真的和在電腦上重新編寫程式沒什麼兩樣。潛意識沒有推理能力，所以你輸入什麼，潛意識便接收什麼，就像阿拉丁的神燈精靈，聽從你的每一個指令。

在本書中學習的一切都是為了重新編寫你的潛意識，為你帶來健康，無論你現在身體狀態是好是壞。接下來的內容和概念都是為了揭露並根除你對疾病可能有的負面信念，書中的練習也有助於把純粹健康的信念植入你的潛意識。這就是「健康的祕密」。

第一課

揭開健康的祕密

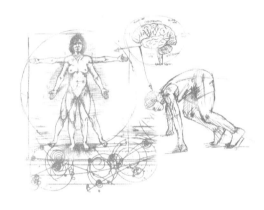

　　健康意味著什麼？你或許認為健康代表你沒有生病，但其實遠不只如此。如果你感覺還好、一般，或沒什麼，你就不健康。

　　健康是和小孩子有一樣的感覺。小孩子每天都精力充沛，身體輕巧靈活，活動毫不費力；他們的腳步輕盈，心靈澄澈、快樂，沒有煩惱和壓力；他們每晚都能睡得又深又平靜，醒來時神清氣爽，彷彿擁有了全新的身體；他們對新的一天都充滿熱情和興奮。看看小孩子，你就會明白健康真正的涵義，這是你過去就有的感覺，也是你現在**仍然該有的**感覺！

　　你大部分時間都能擁有這種感受，因為健康是你可以不間斷地取得的。你從來沒有一秒鐘無法得到任何事物，你想要的都是你的，包括健康，但你必須打開大門才能接收！

　　當你知道了這個「祕密」，就會明白你可以擁有自己選擇的**任何東西**：真正的幸福、美好的關係、大量的財富，當然還有絕佳的健康狀態。如果你仔細想想，健康是人生中最珍貴的東西，然而更重要的是，我們可以將健康視為理所當然。對多數人來說，只有在失去時才會想到健康的可貴，然後意識到：沒有健康，我們就一無所有。

　　一旦知道了這個「祕密」，你此生的每一天就能享受最好的健康與活力，你也可以從各種健康危機中康復，療癒所有傷痛，或治癒一切疾病。

　　我知道許多在看似絕望的情況下出現的健康奇蹟：衰竭的腎再生了，患病的心臟治癒了，視力恢復了，腫瘤消失了，骨頭自己重生、長好了。有人寫信給我，描述他們如何治好自己的糖尿病、肺結核、多發性硬化症、癲癇和各種癌症。我知道有些人處於憂鬱狀態，但很快就進入了快樂充實的生活。我認識一些苦於受焦慮和各種心理疾病的人，他們已經回復到完美的心理健康狀態。

這一切都是因為知道如何使用「祕密」。

祕密是什麼？

這個祕密是宇宙中最強大的法則——吸引力法則。

吸引力法則回應並實現你主要的念頭，無論你想什麼、注意什麼，都會出在你的生活中。你是誰、你在哪並不重要，吸引力法則正在形成你整個生活經驗，這個全能的法則正透過你的想法實現一切。是你，透過你的所思所想讓吸引力法則付諸行動。

它究竟是如何運作的？

人們早就知道，物質物體在微觀世界裡都只是一團能量，而尖端科學也已經證實每個想法都由能量組成，擁有自己獨特的頻率。在思想的能量和頻率輻射到宇宙中時，會影響物質世界中具有相同頻率的事物，也就是吸引力法則的「同類相吸」。那意味著你的想法會像磁鐵般吸引任何「同類」或相似頻率的東西。當一個想法輻射出去，它會被類似的想法、物品，甚至是人的能量和頻率所吸引，再吸引那些事物回到你身邊。換句話說，你的想法吸引你所想的一切，因此，透過這最強大的法則，你的想法成為你生活中的事物，你的想法成為現實！對自己說這句話，讓它滲入你的意識：

你的想法成為現實！

無論你在想什麼，吸引力法則會對你的想法做出反應。如果你能想著自己想要的，讓這些想法成為重心，你**將得以**把想要的帶進生活中。涉及健康時尤其如此，同一個想法一再重複，就會成為潛意識中根深柢固的信念。記住，身體健康完全由潛意識支配。

從健康的角度來看，這件事的影響十分驚人。當你想著自己應該擁有完美的健康，就是在有力地、有意識地決定未來的健康和幸福，你的思想正導引潛意識，透過吸引力法則獲得完美的健康。就這麼簡單。

那麼，為什麼不是每個人都能擁有完美的健康？因為吸引力法則給了他們正在想的東西──就是這樣！

吸引力法則無關個人

吸引力法則是自然法則，無關個人，因此對想法的回應也是一視同仁，無論正面或負面。吸引力法則不會偏好健康勝過疾病，而只是給予你心中所想。吸引力法則永遠在接收你的想法，再反映為你生活中經歷的人事物。

得不到健康的主要原因，是人們更常想著自己**不想要**的，而非**想要**的。他們想著疾病的時間多過健康和幸福。

如果一個病人總是想著疾病，吸引力法則就會在不經意間帶來更多疾病；另一方面，如果他專注於健康，從自己的想法和感覺中消除所有疾病的概念，那麼吸引力法則一定也能為他帶來健康。

我有兩個朋友，他們幾乎同時感染了會引起帶狀疱疹的病毒，也都知道帶狀疱疹可以用抗生素治療，但需要一週到兩個月才能痊癒，醫生也都警告他們這個過程可能非常痛苦和虛弱。所以，現在有兩個人：同樣年紀、同樣症狀、同樣的診斷結果。不同點在於其中一個人選擇抱持希望、感激的想法：首先是對抗生素的療效，其二是對他自己的健康，以及他身體的自癒能力。這個人在幾天後就痊癒了，沒有疼痛的副作用。另一個人的反應則恰恰相反，他很焦慮、恐懼，不只是因為他預期會到來的疼痛，還有他將有幾天不能工作，這對業務會造成多大的影響。他開始厭惡這個疾病，果然，他被折磨了將近八週，還一直擔心會復發。

請記住，在聆聽別人談論他們的疾病時，如果你把注意力放在疾病上，就是在邀請疾病上身。相反地，你要心想健康、口說健康，並感謝你的健康與安好。

「不想要」流行病

人類有一種比瘟疫還嚴重的流行病，已經肆虐了幾個世紀，就是「不想要」流行病。只要人們將思想、話語、行為和注意力的重心放在「不想要」的事物上，這種流行病就會繼續存在。

當你把思想集中在你想要，或是**不想要**的事物，而且持續保持注意力，就是在用宇宙中最強大的力量將那個東西召喚到你身邊。吸引力法則不會分辨「不要」或「不」或任何負面詞彙，當你說出否定的話時，吸引力法則收到的是相反的訊息：

所以如果你說：「我不想得流感。」

吸引力法則收到的是：「我想得流感。」

當你說：「我不想頭痛。」

吸引力法則聽到的是：「我想頭痛。」

當你說：「我不想跌倒受傷。」

吸引力法則聽到的是：「我想跌倒受傷。」

當你說：「我不想變胖。」

吸引力法則聽到的是：「我想變胖。」

當你說：「我不想讓自己生病。」

吸引力法則聽到的是：「我想讓自己生病。」

你會把自己想得最多的東西吸引過來，這就是為什麼這些「不想要」的言論會導致「不想要」流行病！大多數人在不經意間用不想要的東西填滿了生活的方方面面，卻無法理解為何生活沒有改善。

你身體目前的狀態和健康程度，其實都只是反映你過去的想法。知道自己在健康方面主要的想法是什麼並不難，因為那就是你經歷的一切。無論你心裡是想著想要的，還是「不想要」的，這一點都適用。

對於有慢性病或長期健康狀況的人，也是如此。許多人為了戰勝疾病，本能地試圖對抗疾病，但依據吸引力法則，根除疾病的途徑不是與之對抗。

愈抗拒，愈持續

著名的瑞士心理學家榮格曾說：「愈抗拒，愈持續。」我們對抗某件事時，就是在抗拒它。

你抗拒的事物之所以持續存在，是因為如果你抗拒某件事物，代表你強烈地「**不想要**」，吸引力法則會將之解讀為「**要**」，而變成你是在邀請它。事實上，你愈「**不想要**」自己正在經歷的某種疾病，愈會增加疾病停留的時間。當你抗拒疾病時，只會為疾病增加更多感覺、能量和力量，以驚人的速度帶來更多問題，讓它變得更加強大，但這就是法則。

一位女士在三十歲時，決定嘗試治癒自己的癲癇，這種神經疾病自她還是個孩子時就開始折磨她。她知道大多數神經科醫師認為她的癲癇無法治癒，處理這種病症的醫師大多開立強烈的藥物，只為了麻木大腦和鎮靜亂放電的神經元，以防止最嚴重的情況發作。幾十年來，她一直覺得自己被疾病和藥物主宰，如今她決定試試不同的方法。如果成功了，她可以重獲專注力和思維的敏銳度，也不用再受神經症狀所苦。她決定盡一切所能療癒她的大腦和神經系統。她知道自己的癲癇會被壓力和焦慮觸發，所以她做的第一件事就是簡化生活。她花時間放鬆，專注於開心的感覺，過著健康、有愛的生活，對自己和他人表現出感恩和耐心。她拒絕接受和自己的神經系統或大腦有關的任何負面想法，還研

究了神經可塑性，這門新興科學揭示大腦有能力自我改變、重塑、自癒。因此，她滿懷自信，相信她的神經元、大腦和整個神經系統都可以再造。驚人的是，在開始的幾天內，她就感覺自己似乎擁有了全新的身體；一年後，所有神經症狀都不再發作，她不必再使用麻木大腦的藥物，現在的她比一生中任何時候都更加敏銳和專注。

這個女人選擇依循吸引力法則生活，她腦海裡不去想著癲癇的預後，也沒有試圖對抗這種狀況；相反地，她關注的是健康的大腦，結果她也擁有了健康的大腦。

讓我們感謝自己健康的大腦吧！

創造自己的人生

你用想法和吸引力法則創造了你整個人生，包括你的身心健康。無論你有沒有意識到，都是如此，由古至今，這一直都在你和每個人生活中發揮作用。當你意識到這個偉大的法則，就會**意識**到自己是多麼強大，可以改變人生，可以**用想的**讓新生活夢想成真。

不論你是否意識到，大部分時間你都在思考，而你最常思考的，或最常注意到的，就是你生活中會出現的。種瓜得瓜，種豆

得豆！你的想法是種子，想收穫什麼，取決於你播下的種子。

　　如果你抱怨自己不健康，吸引力法則會帶來更多不健康的情況讓你抱怨；如果你聽別人抱怨疾病，而你將注意力放在這件事上，同情他們、同意他們的說法，那一刻你正在把疾病引到自己身上。

　　你關注的任何想法都會實現，並進入你的生活。法則只是簡單地反映和回饋你專注思考的事物。「專注完美健康」是每個人都可以在內心做到的，不論外在發生了什麼。

　　有了這個強大的知識，只要改變思維方式，你完全可以改變與健康相關的每一種情況。

　　你的健康掌握在自己手中，無論你現在身在何處，生活中發生了什麼事，你都可以開始**有意識地**選擇自己的想法，也可以改變你的生活。沒有絕望的處境，沒有無法治癒的疾病，在某個時間點，每個所謂無法治癒的疾病都可以治好。在我心裡，在我創造的世界裡，不存在「無法治癒」，這個世界還有許多空間，所以快來加入我們。在這個世界裡，每天都有「奇蹟」發生，這個世界充滿健康和幸福，充滿所有美好的事物，而它就存在於你的內心。聽來很像天堂，不是嗎？確實如此。

第二課

健康與潛意識

　　有人說：「我們體內的自然力量是疾病的真正良方。」

　　如果我們體內沒有療癒力量，那麼什麼病都治不好。

　　古老的靈性傳統告訴我們，身體的健康完全由潛意識控制，也就是說，身體的所有功能，從呼吸到消化、中樞神經和免疫系統，都在潛意識的監控下。你不會想到呼吸、消化或血液流動……那些自動運作的功能，都是由你的潛意識調節。同樣地，如果割破手指，你也不必考慮如何止血，你的潛意識會站出來命令身體做原本被設計去做的事，療癒自己。每個系統、每個層

級，整個身體都是如此，無論你的潛意識命令什麼，你的身體都會執行。這完美體現了運作中的吸引力法則。正如在外在世界，你的想法會吸引人、境況和事件，以實現你正想著的任何事物，身體的內部世界也是如此。你的潛意識會吸引構成你身體健康狀態的境況和事件。

　　為了充分了解並體會潛意識對你身體產生的力量，你需要知道身體內部不可思議的世界——因為一切都由你指揮！

不可思議的身體

　　你身體裡每個細胞都扮演著各自的角色，它們一起運作的唯一目的，就是讓你活著。有些細胞是特定區域或器官的領導者，管理和指導所在區域的工作細胞，像是心臟、大腦、肝臟、腎臟或肺。然而，這些領導細胞的工作有階級性，會直接向上級長官回報，也就是潛意識，並且指導和管理該器官裡所有工作細胞，確保工作的秩序與和諧，如此器官才能正常運作。巡邏細胞在體內近十萬公里長的血管中游動，以維持秩序與和平。如果出現干擾，例如皮膚搔癢，巡邏細胞會馬上發出警報，潛意識便會下令派出合適的修復隊伍趕到那個區域。以搔癢為例，第一個到達現場的是凝血小組，作用在於阻止血液流動。當任務完成後，組織和皮膚小組會進入該區域進行修復工作，修補組織，密封皮膚。

如果身體出現入侵者，像是細菌感染或病毒，潛意識會立即留下入侵者的印記，再和紀錄比對，看看是否符合過去入侵者的紀錄。如果找到同樣的紀錄，潛意識會馬上通知相關的攻擊隊伍消滅入侵者；如果沒有紀錄，潛意識會為這個入侵者開啟新檔，並召來**所有**攻擊隊伍，一起毀滅新的入侵者。潛意識會記錄成功消滅入侵者的攻擊隊伍，如果入侵者又出現，潛意識就會知道對手是誰、該如何應對。

如果出於任何原因，你體內某個細胞開始改變行為，不再為了健康而工作，巡邏細胞也會向潛意識發出訊號，然後潛意識會下令救援隊前去修復或消滅那個細胞。如果細胞修復需要特定的化學物質，你體內的天然藥房裡也能找到。你體內有間完整的藥房，製藥公司能生產的每個治病藥物，你的體內也能生產。

你體內所有細胞必須團結合作，一天二十四小時，一週七天，終生都要如此。這些細胞的唯一目的，是維持你身體的生命和健康。你的身體裡有一百兆個細胞不斷工作，給你生命！這一百兆個細胞全聽從你的潛意識，供你指揮。

要**有意識地**命令你的潛意識和身體細胞，需要更加了解你的潛意識如何運作。潛意識就像一臺電腦，裡面安裝了許多程式，這些程式來自你的想法和信念，或是聽聞並接受他人的想法和信念。你的一生都在這麼做。潛意識裡的所有程式都由你輸入，而

透過形成新的思想和信念，你可以覆蓋舊程式，創造新程式。

　　為了知道你在潛意識對健康安裝了什麼程式，你必須想想自己**在意識層面上**對身體和健康抱持的想法和信念──因為你相信什麼，潛意識就相信什麼。

檢查你的信念

　　你或許已經開始相信「我很容易感冒」「我的胃很敏感」「我很難減肥」「我對那東西過敏」，或是「這是家族遺傳」。這些都是信念，不是事實，而這些信念對你不利。凡是你相信或感覺為真的事，對你來說都**將會**是真的，不論那些信念是否會幫助你或傷害你。

　　顯然，你必須開始思考有益健康、而不是有害健康的事，你愈是這麼做，這些正向的想法就愈快形成健康的新信念。所有信念都只是帶有強烈情感的重複想法。

　　無論你在意識層面上對自己的身體有什麼看法，潛意識也會這麼想，因為它缺乏理性。因此，潛意識只是傳遞意識的想法和信念，直接下令給細胞，不會質疑你相信的任何事物──事實上，它接收你每個想法和信念。

潛意識運作的方式，以及細胞對你每個想法或信念的反應方式，都來自你體內的吸引力法則。如果你想著或說道：「我旅行時都會有時差。」你的潛意識會將「時差」當作命令傳給細胞，只因為必須執行你的指令，導致你產生「時差」的症狀。相信自己有體重問題，你的潛意識就會命令身體細胞回應體重問題。潛意識必須遵從你的指示，讓身體維持在超重狀態，直到你改變信念。害怕自己生病，細胞會得到潛意識的訊息，並且馬上忙著創造生病的症狀。當然，反之亦然，你相信自己能恢復身體健康時，潛意識也相信，因此命令你的細胞開始恢復健康。

有位與我非常親近的女性，大半輩子都深受各種過敏症所苦，最糟的是對熱的反應，她會從手上開始發癢，然後擴散到腳及身體其他部位。她一直認為這是種濕疹，但有個朋友說那可能是更嚴重的問題，她應該快去檢查。在詳細的測試後，醫生告訴她，她患有自體免疫肝病，目前沒有治癒方法。基本上，她的免疫系統會因誤認完全健康的細胞和組織有問題，而展開攻擊，這導致肝臟累積毒素，最終可能造成肝衰竭，需要進行移植手術。

由於非常熟悉吸引力法則，她知道自己的想法和信念是健康狀態的最終原因，免疫系統只是反應潛意識的信念。為了恢復健康，她必須改變信念，無論是意識或潛意識，一路到細胞層級的信念都要改變。然而，她擔心自己無法只是按下開關就認為自己是健康的──這對她來說似乎不可信。相反地，她覺得必須給自

己的身體和潛意識一些它們真正相信會帶來健康的東西。

　　她決定徹底改變飲食：戒除所有加工食品，展開密集的榨汁計畫，而且只使用新鮮的有機蔬果，另外還用綜合維生素養生法補充營養。她的醫師有點懷疑，並告訴她飲食或維生素與這種特殊疾病沒有已知的相關性。事實上，他希望在幾個月後將她排入器官移植名單，但她堅持自己的計畫，堅持嚴格的榨汁和綜合維生素營養補充計畫。

　　幾週後，她的肝功能血液檢查結果大幅改善，幾個月後的追蹤檢查也延續了這個明顯的趨勢。她的醫師對這個轉變感到驚訝，對她說：「不論你在做什麼，堅持做下去！」

　　當然，她所做的是改變自己的信念──蔬果汁飲食則像是安慰劑，支撐著她的新信念。藉由改變想法和信念，她得以控制潛意識和免疫系統，克服「無法治癒」的疾病，並創造身體健康。

　　讓我們感謝自己完全健康的肝吧！

安慰劑效應

　　你可能聽說過醫學中的安慰劑效應，這完美地展示了潛意識的療癒力量。每當製藥公司想證明最新藥物的效力時，就會招募志

願者，將他們分成兩群，一群患者給予真正的藥丸或治療，另一群則給予安慰劑，也就是糖球或假治療，但兩組都不知道自己是否得到真正能治療他們的藥物。讓製藥公司大感挫折的是，安慰劑組成員的身體健康改善幅度經常更為顯著，症狀減輕或消失的比例也高。當病患認為且真心**相信**糖球是有療效的藥時，他們的潛意識就命令身體細胞治療疾病的所有症狀。

安慰劑效應的驚人結果經常證明信念對身體的力量。

你的細胞是最忠誠的臣民，毫不質疑地為你服務，無論你想什麼，無論你相信什麼，都將成為你身體遵循的法則。如果你相信並認為衰老、退化或疾病是不可避免的，那麼這一切一定會發生。

另一方面，如果你想感覺和小時候的自己一樣好，那麼請這樣命令你的細胞：「我今天感覺很棒」「我今天活力十足」「我的視力完美」「我可以隨心所欲地吃，而且保持理想體重」「我每晚都睡得很香甜」「我感覺像小時候一樣好」。是的，你可以選擇**感覺**年輕，不再感覺自己老了。感覺年老只是你被賦予的一種信念，也是你為自己身體植入的程式。只要改變信念，就能隨時改變你發出的命令！

全新的身體

　　如果你需要更進一步的證據，說服自己老化只存在我們心中，想想科學如何解釋我們在極短時間內就能擁有全新的身體。我們每秒都會創造數百萬個新細胞，並汰換舊細胞；身體某些部分每天都在更新，有些則是幾個月更新一次，還有些是每隔幾年。但如果我們的身體每隔幾年就會替換所有細胞，為什麼還會發生退化或老化？這只能透過思想，透過對衰老的觀察，以及對衰老的關注而發生。所以請盡力將老化的想法排除於意識之外，想想自己的身體只有幾個月大，不論你已經在腦海中記下了多少次生日。

　　我想分享自己如何克服有關老化的負面信念，利用「祕密」治療我的視力。

　　在發現「祕密」之前，我已經戴了三年的老花眼鏡。有一晚，我正在研究幾個世紀以來「祕密」的相關知識，發現自己伸手去拿眼鏡來閱讀。我停下動作，意識到自己做了什麼時，我彷彿被閃電擊中了。

　　我曾聽整個社會說視力會隨年齡下降，曾看過人們將東西拿得很遠才能閱讀，我也同樣想過視力會隨老化而下降，並且讓這種想法成為現實。我不是故意的，但我還是這麼做了。

　　我知道我可以改變自己藉由想法形成的事，所以馬上想像自己能像二十一歲一樣耳聰目明。我看到自己在黑暗的餐廳、在飛機上和電腦前都能清楚而輕鬆地閱讀，並且一遍又一遍地說：「我看得清楚，我看得清楚。」我對擁有清晰視力覺得感激和興奮。三天內，我的視力恢復了，現在我不用再戴老花眼鏡了。**我看得很清楚。**

　　我沒注意到花了三天時間，因為我**知道**在做出選擇的那一刻，我已經成功了。如果我注意到花了三天時間，那麼我也會注意到它還沒成功。我完全**相信**並知道已經成功，有絕對的信心。我也可以說我花了三天時間明白自己看得很清楚，或是說我花了三天時間調整到清晰的視力。這是真的，因為我知道自己在選擇的當下就已經得到了，無庸置疑。而在那種「知道」的狀態中，我的視力在三天內變得清晰。

　　我把自己做的事告訴《祕密》這本書裡的其中一位導師班・強生博士（Dr. Ben Johnson）時，他說：「你知道你的眼睛在三天內發生了什麼事嗎？」我回答道：「不，而且謝天謝地我不知道，這樣我就不會一直想！我只知道自己可以做到，而且很快就能做到。」有時候，訊息愈少愈好。視力的恢復對我來說似乎沒什麼，事實上，我期待自己的視力會在一夜之間恢復，所以三天對我來說不算奇蹟。

　　利用你的潛意識灌輸新的信念，你就能擁有創造健康和幸福的力量，而且遠遠超過你以前可能經歷過的程度。你可以，也應該充滿活力和喜悅，對生活充滿狂熱。我告訴你這些，是為了讓你打破想像力的疆界，不再限制自己的健康、幸福和生活。

第三課
感覺美好——
通往健康的快速路徑

　　除非你不斷地以想法召喚某事某物，否則那些事物就不會出現。是你堅持不懈的強大想法啟動了吸引力法則，才能讓你整個人生從想法成為現實。

　　你的人生反映了內心的想法，而你內心的想法總是受你控制。沒有任何外力能影響你的人生，或是你的健康，除非你的想法和信念賦予外力這種力量。最大的力量就在你的內心，在你的想法和信念中。

　　考慮到這點，你現在有一個選擇。你想要相信你的健康狀況聽天由命，壞事隨時都可能發生嗎？你想相信你對自己身體發生的任何事都無能為力，你的健康全憑運氣？

　　或是，你想要相信並**知道**你的健康和安好都掌握在自己手中，你的人生只有**健康**的身體，因為你就是這樣想、這樣相信的？你有選擇，而你選擇想什麼，你相信什麼，都**將會**成為你的人生經歷。

　　沒人會故意吸引疾病、慢性病，或想嚴重傷害自己，但如果不知道「祕密」，就很容易看到自己或他人的生活中出現不想要的健康問題。那些問題的出現只是因為不認識想法和潛意識的巨大力量，而你現在知道了，無論你對自己的健康有什麼想法，你的潛意識都會設法實現，因為它主宰了你的身體和健康的方方面面。

　　是你的想法決定了你的潛意識相信什麼，所以很明顯——你的想法是**一切事物**的主因。

　　既然如此，你就應該控制你對自身健康的想法。

　　但你一天大約會冒出六萬個想法，怎麼可能控制腦海中出現的每個念頭呢？

不論你怎麼努力，都做不到。

然而好消息是，為潛意識創造新信念的其實是你的**主要**思想。是**主要**思想吸引了你生活中的人、環境和事件；真正讓你的夢想生活成真的，也是**主要**思想。

主要思想即是你投入最多注意力、感覺最強烈的想法。如果你有一個想法，但對它沒有感覺，那麼必定無法產生吸引事物的力量。你的感覺會為想法和話語增添力量。

如果想知道你的想法是好是壞，只要檢視自己的感覺，就會知道。如果你心情好，那麼就是好的想法；如果心情不好，就是負面的壞想法。你不可能在心情不好的同時還擁有美好的想法，那違反法則，因為你的想法就是會影響你的感覺。如果你心情不好，是因為你的想法讓你難過。同樣地，你不可能在心情好的同時還抱持負面想法，如果你覺得快樂，是因為你想著好的念頭。你看，你可以擁有生命中想要的一切，沒有限制，但有個條件：你必須感覺美好。

你很快會發現：你愈開心，人生愈美好。

你愈不開心，人生就愈糟糕——直到你改變心情。

你的想法仍是一切事物的主因，但你的感覺會為那些想法增強力量。

改變你的感覺，就能改善任何事情

如果你想改善健康，就必須開始抱持好的想法和**感覺**美好——就從現在開始。

那麼，你現在的感覺是什麼？花一些時間想想你的感覺。

如果你的感覺很好，那麼很棒！請繼續維持你正在做的事，你可以放心，你的想法是好的，正在吸引所有好事——包括健康。

如果你的感覺不太好，那麼你需要改變自己的想法，直到你**真的**覺得開心。你的健康取決於此。

當然，對某些人來說，要馬上改變自己的感覺是很困難的，尤其當他們身體不適、疼痛，或剛剛收到令人不安的診斷結果時。人幾乎不可能只是輕輕一按開關，就從痛苦絕望直接跳到快樂愉悅，但你能做的是改變你的想法，來**逐漸**改變你的感覺。把你的心和注意力從讓你不快的事物上移開，不再想著疾病，專注在真正讓你開心、能瞬間改變你感覺的事物上——可能是美好的回憶、未來的事件、有趣的時光、大自然、你愛的人、最愛的音

樂。不同的事物會在不同的時間發揮作用，所以如果一個不行，就去找另一個。只要花上一、兩分鐘，把注意力轉移到美好的事物上，就能開始改變你的感覺。

　　一個年輕女性剛和男朋友分手、丟了工作，遠離家人住在遙遠的城市。在人生最低谷時，又被診斷出罹患急性肺結核。她的醫生做出殘忍的預後，暗示她康復的機率低於百分之十。她徹底崩潰，陷入絕望，但內心拒絕向疾病屈服，拒絕放棄生命。儘管處境艱難，她還是盡力做些讓自己開心的小事：和朋友聊天、聽喜歡的音樂、在大自然裡散步、看日落等任何讓她快樂的事。她一天天變得愈來愈樂觀。回診時，醫生對她的恢復狀況感到震驚。當她意識到自己只是憑藉快樂戰勝肺結核時，流下了幸福的眼淚。

　　這個女人所做的就是將自己提升到感覺美好的頻率上，所有與健康有關的境況和事件都存在於此。好的想法，好的感覺，好的健康。

　　讓我們都為新鮮的空氣和健康的肺感到快樂吧！

　　當你感覺美好，或是熱愛任何事物時——像是熱愛晴天、你的家、你的朋友或你的狗——你的身體會以驚人的速度獲得自然健康的全部力量。當你對自己或任何事感到難過時，那個緊繃會導

致你的神經和細胞收縮，身體中重要的化學物質產生變化，血管收縮，呼吸變淺，這一切都會降低器官和全身的健康力量。不論你是否對一件與健康無關的事感到不快，當你不開心時，自然健康的力量就會減弱。

笑口常開是良藥

俗話說，笑口常開是最好的藥。

當然，緩解緊繃和消除疾病最快、最好的方法之一，就是透過笑和快樂的力量。

一位名叫諾曼‧考辛斯的人受到啟發，要將笑作為治療的一部分。諾曼被診斷出「不治之症」，醫生告訴他，他只剩幾個月的生命，於是他決定治癒自己。三個月來，他不斷看喜劇電影，盡可能地大笑。疾病在那三個月離開他的身體，醫生宣布他奇蹟似地康復了。諾曼笑的時候，釋放了所有負面情緒，也釋放了疾病。

笑聲釋放負面情緒，帶來奇蹟般的療癒。笑口常開真的是最好的藥。

相反地，正如十九世紀作家普蘭特斯‧馬福德（Prentice Mulford）說過的：「我們要盡可能記住，每個不愉快的想法其實

都是放進身體裡的壞東西。」

科學表明，負面想法和壓力會嚴重降低身體和大腦的功能；另一方面，較快樂的想法會消除身體的生理壓力，讓身體完全發揮本有的功能——療癒自己。

開始想著快樂的念頭，開始**變**快樂。將手指放在「**變**快樂」的按鈕上，現在就按下，用力按著，不論身邊發生什麼事。

如果你從現在開始下定決心，將大部分注意力放在快樂的想法上，你將展開淨化身體的過程，那些快樂的想法將為身體提供最好的健康補強效果。

總有數不盡的理由讓你不快樂，但如果你推遲快樂的理由是「如果……我就會快樂了」，那麼你不只是推遲了餘生的快樂，也在削弱你的身體健康。快樂是讓身體奇蹟般恢復健康的靈丹妙藥，所以現在就開始快樂吧，不要找藉口！

一個年輕媽媽寫信給《祕密》官網（TheSecret.tv），訴說她二十七歲時的抗癌歷程。被告知預後不佳後，她的注意力只放在設法活下去。後來她去看腫瘤科醫師時，遇到祖父母的一個朋友，他提供了一個對那種情況下的任何人而言都最寶貴的建議。那個人說，只讓快樂進入她的生活，盡可能地笑，並遠離任何負

面的人或事。從那一刻起,她只歡迎快樂的人和快樂的情緒,也只看快樂的電影。她以這種方式確保自己朝著正確的方向邁出快樂的每一步,確保每一天都比前一天更好。

六個月後,醫生告訴她治療結果十分成功,腫瘤完全消失了。她將此歸功於兩件事:腫瘤科候診室外那個守護天使的建議,還有她透過無拘無束的快樂來恢復健康的能力。

讓我們花一些時間來感覺美好吧!

感覺開心的每一刻,都是在積極地消除身體裡的負面情緒!如果你很難對自己的健康感到開心,重要的是你還是能因為某件事而感到美好,所以就讓你身邊圍繞著熱愛的一切,用那些人事物盡可能讓自己快樂。利用外在世界的一切讓你開心,看會讓你大笑而快樂的電影,不要看讓你緊張或難過的電影;聽讓你開心的音樂;找那些會說笑話逗樂你的人,或是讓他們說說自己最尷尬時刻的有趣故事。你知道自己熱愛什麼,知道自己喜歡的東西,知道什麼能讓你快樂,所以善用這一切,盡可能讓自己開心。

另外,在做醫學檢查時,抱持好心情也是非常重要的。無論是做視力檢查、量血壓、年度健檢或任何與健康有關的檢查,重要的是在過程中保持好心情。同樣地,看報告時的心情也一定要很好,這樣才能得到最好的結果。根據吸引力法則,任何檢查結果

一定都和你身處的頻率相關，所以要得到你想要的好結果，就必須處在好的接收頻率上！

一個年輕媽媽在腿上發現不明的黑痣時，做了各種檢查。在諮詢過皮膚科醫師後，他們決定要割除，送去做活體組織切片檢驗。然後是長達一週的緊張等待結果出爐。在那段時間，她盡其所能地消除任何有礙健康的負面想法和感覺，但最重要的是，她想像醫院打來告知結果時的狀況，在腦海中詳細地角色扮演了整場對話，也為聽到的好消息感到快樂和安心。她盡可能處於快樂和安心的感覺頻率，直到電話打來。第七天，醫院打來告知切片結果：痣是良性的，正是她期待的結果。

讓我們感謝美麗又健康的皮膚！

你生活中每個情況的結果都會符合你的頻率，因為這就是吸引力法則運作的方式！想讓自己處於對健康檢查有益的感覺頻率，可以想像你想要的結果，並感覺自己已經得到了那個結果。堅持練習，直到你想到檢查時都是開心的。什麼結果都可能發生，但你一定要在好的感覺頻率，才能得到好的結果。

你的完美體重

根據法則，同樣的原理也適用於你想要的任何身體變化，包括

減重。如果你想減重，先要感覺開心，感受體重完美時的感覺，就能召喚其前來。不要把重點放在「減肥」，而是放在完美的體重。許多靠節食減肥的人會復胖，是因為他們的注意力放在減輕體重。如果是這樣，你一定會引來需要減重的身體狀況。相反地，要把注意力集中在完美體重。你最關注的是什麼，吸引的就是什麼。這就是法則運作的方式。

重中之重的是，不論體重多少，現在都要快樂愉悅。如果你**現在**就沉浸在喜悅中，感覺好到體重不再那麼重要，那麼體重的問題就會消失。但首先，你必須感覺美好，必須對自己感覺美好，這非常重要，因為如果對自己的身體感到不快，就無法吸引到完美的體重。對自己身體覺得不快是很強烈的感覺，這會持續吸引不好的感覺。如果對自己的身體吹毛求疵，就永遠無法改變你的身體——事實上，你會吸引更多的體重。請讚美和祝福自己身體的每一吋，想著身上所有完美的地方，當你抱持完美的想法，對自己感覺良好時，就是處在接收完美體重的頻率上，便能召喚完美。

一個十幾歲的女孩從小就不喜歡自己的身體。以她的年齡來說，她一直長得過高，所以經常因為和其他女孩不一樣，回家向父母哭訴。在長大的過程中，她糟糕的自我形象導致體重增加，這又導致她無論何時吃東西都有罪惡感。她努力減重，但即使已經非常努力地節食和健身，卻一直得不到想要的結果。

等到她學會愛自己的身體，一切都變了。事實上，她開始迷戀自己的身材，喜歡自己吃的食物，然後體重奇蹟似地下降了，她終於達到理想體重。她對自己的身高心存感激，熱愛自己的身體，她相信也知道自己是完美的。

讓我們感謝自己完美的身體和體重！

你真的可以透過想法和感覺達到完美的健康狀態、完美的身材和完美的體重，透過正向的想法、透過滿意自己，就能成真。良好的健康是你與生俱來的權利！你是自己的創造者，吸引力法則是你創造完美自我的神奇工具。

第四課

健康的創造過程

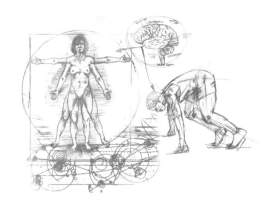

　　無論是帶來你想要的事物，比如更苗條的身材，或是改變不想要的東西，像是疾病，創造過程都有一套簡單的指南。你可以透過三個簡單步驟，創造想要的健康。

　　要求，相信，接收。

第一步：要求

　　問問自己，你真正想要什麼？

記得神燈精靈的故事嗎？精靈從神燈裡冒出來，滿足阿拉丁的每個願望。你也有自己的精靈，名字就叫吸引力法則，會聆聽你每個想法、願望、渴望，讓你所有的夢想都成真。而你要做的，就是提出要求。

談到健康，就像其他事物一樣，你可以選擇自己想要的，但你必須弄清楚。這是你的工作。如果你不清楚，那麼吸引力法則就無法帶來你想要的，你會發出雜亂的頻率，只會吸引到雜亂的結果。或許這是你人生中第一次，弄清楚在健康和身體方面，你真正想要的是什麼，沒有任何限制。

你想治癒疾病嗎？你想減重嗎？你想要疼痛的傷口完全癒合嗎？你想看起來更年輕嗎？

既然你知道自己可以擁有、成為，或做到任何事，沒有限制，你**真正**想要的是什麼？

有個消防員在值勤時受了重傷，脛骨骨折，腳踝的一根骨頭也斷成兩半。緊急手術醒來後，腿上的植骨和固定桿將他的腳踝固定住，而因為神經受損，他甚至感覺不到自己的腳。

外科醫師告訴他，由於傷勢嚴重，他的腳踝有九成機率會受到永久性損傷，可能完全喪失行動能力。但這名消防員決心打敗機

率。在充滿挑戰的復原過程中，他保持正向，並且在日記上寫下自己想要的事物：他想要被療癒，他想要再次走路奔跑，他想要成為自己年幼孩子的活躍父親。他花了一整年時間復健，在那段期間，他不得不重新學習走路。但他的醫生對他療癒的程度感到訝異，從一開始，他要求的便是完全康復，他也真的實現了。

讓我們感謝自己強壯又健康的骨頭！

多數人只在失去健康時才要求健康，但你任何時候都可以要求健康。你可以每天運用意念的力量，要求自己完全健康。

第二步：相信

你必須相信自己已經得到想要的健康，你必須知道在提出要求的那一刻，就已經擁有健康的身體、完美的體重和年輕的外表。你必須有完全和絕對的信心。

記住，當你在意識層面上相信某件事，這個信念會全部傳至潛意識，也就是調節和控制著健康的方方面面及身體一百兆個細胞的潛意識。

在你要求並**相信**自己已經擁有完美健康的那一刻起，身體的所有細胞——事實上是整個宇宙——都在努力讓這個信念成真。你

必須像是已經得到完美健康一樣地行動、說話和思考。為什麼？因為對吸引力法則而言，時間是不存在的，沒有過去或未來，吸引力法則只在當下發揮作用。如果你想要完美的健康，此刻就要把自己看作是非常健康的人。如果你的心思還在注意自己尚未擁有健康，就會繼續吸引「還未擁有健康」這個狀況。你必須相信已經擁有了，你必須相信已經得到了，你必須釋放出已經收到的信念，才能讓想法成真。你必須深深地相信，潛意識才會接受這是真的。當你那麼做時，吸引力法則會強而有力地動員所有人事物，好讓你接收到完美的健康。

許多人對疾病的恐懼多於對健康的美好信念。這並不奇怪，因為全世界都對疾病投以關注，你每天都被那些聲音包圍。儘管醫學進步，疾病仍在增加，一部分原因就是人們愈來愈注意和害怕疾病。

比起相信終身健康，你更相信疾病是不可避免的嗎？如果你相信自己的身體會隨年紀衰退，疾病是不可避免的，你的潛意識也會相信，並透過吸引力法則，最終一定會反映在你的健康和身體狀態上。

如果你對健康產生負面想法，請好好重新思考。改變想法永遠不嫌晚，如果想改變健康，這是必不可少的。健康代表擁有健康的身體**和**心理，如果你的心充滿負面想法或信念，就不可能快樂

或健康；如果你可以讓自己的心智保持健康，將有助於身體健康。而保持心智健康的方法之一，就是選擇不相信負面想法，只要不對負面想法投入任何注意力，它們就會耗盡能量，立即消散。然後，我們可以選擇用健康的正面想法來餵養身體，這同時也能預防負面想法存在。

　　如何讓自己相信已經擁有完美的健康？開始假裝就是了。像個孩子一樣假裝，玩、扮演、編造遊戲，這能讓你的潛意識充滿健康和安好的感覺。只想著健康、只說著健康，行為舉止都彷彿已經擁有理想的健康狀態。當你假裝時，你會開始**相信**自己已經得到。吸引力法則會一直回應你的主要思想，而不僅止於你提出要求的那一刻，因此在你提出要求後，必須一直**相信**且**知道**。你對某件事物的永恆信心是你最大的力量，當你相信自己正在接收時，準備好，看著奇蹟發生吧！

　　有個女人藉由假裝來克服慢性疼痛。幾個月來，她一直受退化性椎間盤疾病所苦，她的胸椎和肋骨周圍劇烈疼痛，必須仰賴止痛藥。因為疼痛，她得長時間躺在床上無法動彈，而且無法入睡。現代醫學沒有其他辦法，她決定掌控自己的自癒能力。她想像自己的療癒細胞是一群稱為「快樂蟲」的小生物，這支軍隊會在她血液中巡邏，一遇上敵人──疼痛和發炎──就會用「擁抱」戰術攻擊生病的細胞，使其屈服。她感謝宇宙為她療傷，然後她睡著了。想像這個場景的第一晚，她睡得很香。天亮醒來，

梳洗好，走下樓，走到一半時，她才發覺這是自己這幾個月來第一次沒有感覺到疼痛。她整天都不需要再服用止痛藥，而這只是未來許多無痛日子的第一天，因為她真的相信自己有能力自癒。

讓我們感謝身體奇蹟般的自癒能力！

你不需要理會宇宙**如何**帶給你完美的健康。在試圖弄清楚是**怎麼**發生時，就是在送出「缺乏信心」的頻率，你不相信自己已經得到健康了。你認為**你**必須有所行動，不相信宇宙會**為你**辦到一切。但你不必擔心「創造過程」是**如何**做到的，就讓宇宙處理一切吧。

第三步：接收

提出要求，並相信你已經得到，然後你要做的就是保持好心情。心情好了，就能處在接收的頻率上，處在好事都會迎面而來的頻率上，你將收到你所要求的。如果收到時不會讓人感覺美好，你就不會請求了，不是嗎？所以讓自己處於開心的頻率，你就會得到。

讓自己處於那個頻率最快的方法，是說出：「我現在正在接收，我正在接收生活中所有的美好，我正在接收完美的健康狀態、完美的身體、完美的體重，以及用不完的能量和活力。」**感受它**，

現在就去**感受**，就好像你已經收到了一樣。

　　當你**感覺**到自己現在擁有了某件事物，而且這種感覺真實到你好像已經擁有了一樣，你就是在相信自己已經得到了，且你也將會得到。

　　一位年輕的單身爸爸經歷了一個多月的高血壓症狀後，被送到醫院。他被診斷為充血性心臟衰竭，馬上轉到加護病房，在那裡待了六天。後續的檢查發現他的心臟肥大，長出厚厚的肌肉。他一直聽到醫生說他的心臟情況有多糟糕，他的血壓有多高，這讓他懷疑自己是否能撐過去。但他也很了解，要將主要想法變成希望，相信他的心臟強壯、健康且充滿了愛。最重要的是，他感覺有個強壯、健康且正常的心臟正在胸腔裡跳動，就好像他已經得到了一樣。

　　在住進加護病房後幾個月，他接受追蹤檢查，診斷影像顯示他的心臟非常健康且正常。他的醫生很驚訝，這種復原程度非常不尋常。這位年輕爸爸將之歸因於想法和信念，正如他所說，當醫生談到心臟衰竭時，他選擇要求、相信和接受心臟會復原。

　　讓我們感謝自己健康的心臟！

為他人顯化健康

在某些情況下，有可能利用創造過程幫助他人改善健康。

我有位摯友瑪爾西，她是我見過最偉大的顯化者。她可以**感覺**到所有事物，可以**感覺**到擁有所要求事物時的感受，可以把**感覺到的一切**化為真實存在。她**感覺**到健康安適，不只是為了自己，也為所有她愛的人。當她丈夫重病時，瑪爾西開始**感覺**到丈夫完全康復時會是什麼樣子。她不講究方式、時間，只是每一天都用心**感覺**，直到顯化成真——她的丈夫奇蹟似地完全康復了。

如果你所愛的人生病了，你想幫助他們，那麼你可以使用創造過程，要求、相信及**感覺**他們完全恢復了健康。當然，每個人都是自己人生的創造者，我們不能創造別人的人生，除非對方有意識地做出同樣的請求。舉例來說，如果有人想要身心安康，他身邊其他人可以將強大的注意力放在自己的身心健康上，那個人會收到這種正向力量，因為那些人是自己這麼請求的，而這將大大地幫助他們。所以，雖然你不能影響別人透過想法和感覺吸引的事物，如果他們也為自己請求健康，你的美好想法和感覺能幫助他們提升到可以接收健康的頻率。

受到啟發的行動

　　人們面臨健康問題時，通常想知道應該採取什麼**行動**來補救，如果你選擇了後續的治療計畫，那麼就按照你所選的醫療專業人員指示的步驟來行動。但吸引力法則其實不需要任何實際行動，只需要遵循創造過程的三步驟：要求、相信、接收。然而，在創造過程的接收步驟中，你可以採取一些**「受到啟發的行動」**。

　　需要注意的是，**「行動」**和**「受到啟發的行動」**不一樣。**行動**對一些人來說意味著「工作」，但**受到啟發的行動**一點都不像工作，這兩者的區別在於：受到啟發的行動是你接收時採取的行為。

　　如果你在行動時需要付出心力，那就代表自己在走回頭路。受到啟發的行動是毫不費力的，因為你處在接收的頻率上，會因此感覺非常美好。

　　當涉及健康時，永遠相信你的直覺。是宇宙在啟發你，是宇宙在接收頻率上和你溝通。如果你的直覺或本能感覺得為健康採取某種行動，或做出某個決定，那就遵循吧，你會發現是宇宙在吸引你去接收自己所要求的。

　　無論你採取什麼行動，確保這與你所要求的一致，不要違背你的願望。這就是「假裝」可以發揮作用的地方。問問自己：「如

果我已經得到想要的，我現在會採取什麼步驟？」

我認識一對夫妻，他們拚命想得到一個孩子。可悲的是，雙方都有生育問題，在一次試管嬰兒失敗後，他們只剩下最後幾顆卵子。就連醫生都不鼓勵他們再試下去，這對夫婦還是決定再試一次，然而，這次他們改變了行動方式。他們不再渴望一個孩子，而是開始表現得好像孩子就要出生了。他們打開了計畫用作育嬰室的房間，拿掉所有非嬰兒用的家具和其他物品，在衣櫃裡騰出空間，還買了嬰兒的衣服。果然，在下一個試管受精階段，用盡最後一顆卵子後，他們成功懷上了漂亮的女兒。

讓我們感謝世界上所有美麗的嬰孩！

總之，創造過程是你的急救箱，可以消除疾病，吸引完美的健康。這一切只要遵循以下步驟：

第一步：清楚自己想要的健康狀態。在腦海中想像自己達到完美健康時的畫面──沒有任何病症，可以做所有你喜歡做的事。如果可以，找一些自己處於完美健康狀態時的照片，而且經常拿出來看。

第二步：你必須相信自己會得到，你已經擁有完美的健康。你必須想像、假裝，並表現得好像已經擁有完美的健康；你必須認

為自己擁有所要求的完美健康。

不要用你的思想、言語和行動來違背你的要求，不要討論任何疾病或症狀，不要整天顧影自憐，為自己感到難過。要有信心，專注於你將以完美的健康狀態去做到所有的事情。

你的目的是尋找、欣賞和發自內心地讚嘆與你有著相同健康理念的人，找出他們，在你讚美他們時，好好感受那種感覺——你正在召喚完美的健康。如果你看到有人不舒服，要馬上轉換念頭，想像他們和自己非常健康時的畫面，並且去**感覺**。

第三步：想讓自己在接收完美健康的頻率上，你要做的就是開心。開心非常重要，因為你對自己的症狀感到痛苦時，永遠不會吸引完美的健康。如果你對自己的健康感到難過，就不是處在疾病痊癒的正確頻率上。相反地，你必須感覺愉悅、快樂，想著完美的健康，直到你處於健康的頻率上。然後，你就會收穫健康。

現在，你或許理解為何一個說著（更重要的是**相信**）「我整個冬天都很健康」的人，總是能以完美的健康狀態度過冬天，或是一個說著「我討厭春天，經常都在過敏」的人，一年至少有三個月都在打噴嚏、流眼淚、鼻子通紅，因為前者**期待**健康，後者**期待**疾病。如果你可以開始只期待身體**健康**，使之成為每日的習慣，就能讓宇宙的力量都來幫你召喚完美的健康。

第五課
感恩健康

　　當你健康狀況良好時，你會心懷感激嗎？或是你只在生病或受傷時，才會注意到健康？

　　當你能有個好眠時，你會感激嗎？或是把那些夜晚視為理所當然，只在失眠時才想到？

　　你是否感激自己每天都能活著？

　　健康是生命的禮物，是你每天都在接受並持續接受的東西。除了我們為健康做的一切，我們必須感謝自己的健康，好繼續獲得

更多健康！

　你應該擁有完美的健康狀態，而感恩是我所知可以最快體驗到的方法。如果你善用一點點感恩，你的人生和健康就會改變一點點；如果你經常心懷感激，每天都如此，你的生活，尤其是你的健康，會以超乎想像的方式改變。感恩不只會讓生活中的一切美好倍增，也會消除負面事物，包括疾病。不論你身處什麼樣的負面情境，總是能找到可以感激的事，當你這麼做時，你會用感恩的力量消滅生活中所有負面事物，不論它們以何種形式出現。

感恩創造奇蹟

　感恩能創造奇蹟，能移山、能分海，也能消除各種疾病。

　如果你不相信感恩有力量創造健康和身體的奇蹟，那麼請看看以下這些不可思議的故事：

　一名年輕女士被診斷出脫髮症，也就是禿頭，當時她的頭頂已經開始掉落大量頭髮。多年來，她嘗試過每種已知療法，但似乎都有副作用，掉髮的情況還不減反增。最後，她意識到自己最大的恐懼：她會完全禿頭。每個醫生都肯定這種情況是不可逆的，她唯一的選擇是痛苦的植髮或戴假髮。她拒絕接受，所以她在房間貼滿紙條，上面寫著：「感謝我自然的美麗黑髮。」她還畫出

自己擁有健康頭髮的畫面，一遍又一遍想著：「感謝我康復了。」
當時是二〇〇八年，一開始她的感覺很難和她寫的話語相符，但
她堅持下來，在幾個月內，她開始真正感覺到自己的話是真的，
即使她的身體一點也沒有改變。到二〇〇九年，第一塊頭髮開始
重新生長；三年後，她的頭髮已經完全重生——又長、又多、又
自然。

讓我們感謝健康的頭髮！

另一名女性的整體腎臟功能下降到只剩三成，並且正在快速衰
竭。她夢想著和家人一起過著充實且有活力的生活，所以她拒絕
接受負面診斷。每天每夜，她都努力去感覺、相信並知道自己正
在好轉，最重要的是，真正感謝自己的健康。她的醫生和一群腎
臟科專家對她的完全康復感到困惑，而她將這歸因於感恩。

讓我們感謝自己健康的腎臟！

一對年輕夫婦因為兒子夭折，壯大家庭的夢想悲慘地破滅了。
不久之後，妻子染上一種疾病，癱瘓了生殖系統，她和丈夫得
知，她無法再生育了。雖然仍為自己的孩子悲傷，他們還是想解
決問題。每天早上，兩人感謝宇宙讓他們擁有孩子，即使他們還
沒有。然後他們會列出感恩的一切，而且完全專注於感謝好事。
與最好的醫療意見相左，一年內，他們再次懷孕——一男一女，

奇蹟似地喜獲雙胞胎。

讓我們感謝生命吧！

感恩的療癒力

無數的研究表明，感恩能**增強**身心健康的自然流動，並幫助身體更快康復。感恩的力量也與身體照護、營養，以及你可能選擇遵循的任何醫療協助，配合良好。

你的身體出現某種疾病時，或許會有負面情緒，像是壓力、擔憂、挫折或恐懼，這是可以理解的。但對疾病抱持負面情緒無法恢復健康，事實上還會產生反效果，削弱你的健康。為了增強健康，你必須用好的感覺取代壞的感覺，而感恩是最簡單的方法。

對自己的健康心存感激，可以確保你繼續獲得更多可以令人感激的健康，同時，也能消除身心的壓力和緊張。科學研究證明，壓力是許多疾病的根源，研究也顯示，常練習感恩的人能更快痊癒，壽命也多七年！

這結論完全有理，因為根據吸引力法則，無論你感激什麼，都會成倍增加，這是簡單的數學。你感激自己健康的程度，正是你健康會增加的程度；你不感激自己健康的程度，正是你健康減弱

的程度。當你表現感激時，你會馬上看見自己的健康開始改善。小小的疼痛、痣、疤或傷痕，都會開始神奇地消失，你也會注意到你的能量、活力和快樂明顯增加。

你現在可能正在生病或不舒服，甚至非常痛苦，但你仍能繼續接受健康的禮物，對此你可以心存感激。生病或痛苦時很難感受到感激之情，但即使是最小的感激，也有助於增進身體的健康。

另一方面，你專注在自己不喜歡的身體部位時，就是不感激你的身體。想想，根據吸引力法則，抱怨你的身體會帶來更多問題，所以抱怨自己的身體或外表，只會讓你的健康處於危險之中。

感激你的身體，而不是去挑剔它。每次你不喜歡自己的身體時，記得，體內所有的細胞都會分享你的感受，並做出相應的反應。相反地，要由衷**感謝**自己的身體，忽視你不喜歡的部分。

感恩奇蹟般的身體

想想你真正感激並深愛的身體。

想想你的腿和腳，這是你生活中主要的交通工具，想想你用腿做的事，像是平衡、站立、坐下、運動、跳舞、爬樓梯、開車，

最重要的是,走路。走路的能力讓我們能自由享受生命!請真誠地說:「謝謝我的腿和腳。」

想想你的手,一天當中要拾起多少東西,你的手是生命中最重要的工具,每一天,每一刻都在使用。請說:「謝謝我的手臂和手指!」

想想你驚人的感官。每一天,你的味覺在你吃喝時多次為你帶來快樂。請說:「謝謝驚人的味覺!」

你的嗅覺讓你能體驗生命中的美好芳香。請說:「謝謝美好的嗅覺!」

你的觸覺可以讓你觸摸所愛,給他們安心的擁抱,感覺他們的碰觸是生命中最珍貴的事情之一。請說:「謝謝珍貴的觸覺!」

想想神奇的眼睛,讓你可以看到愛人和朋友的面龐,能讀書報和郵件,能看電視,能欣賞自然之美,最重要的是,能看到你的人生。請說:「謝謝眼睛讓我能看到一切!」

沒有耳朵和聽覺,你就不能使用電話、聽音樂、聽廣播、聽所愛之人說話,或是聽到周圍世界的任何聲音。請說:「謝謝我的聽力!」

如果沒有大腦，就不可能使用任何一種感官，也無法每秒處理上百萬條感官傳來的訊息！實際上是你的大腦讓你能感知和體驗生活，世界上沒有任何電腦技術能複製。請說：「謝謝大腦和美麗的心智！」

感謝讓你維持生命的器官，不斷過濾、淨化和更新體內的一切，它們自動地完成所有功能，你甚至不必多加思考。請說：「謝謝完美運作的器官！」想想你神奇的免疫系統，努力地維持你的健康，並療癒你。請說：「謝謝免疫系統！」

但比起身體的感官、系統、功能或其他器官，更神奇的是你的心臟。你的心臟主宰其他器官的生命，因為心臟能讓生命流向身體的每個系統。請說：「謝謝強壯又健康的心臟！」

你的整個身體是這個星球上最偉大的實驗室，沒有任何東西可以複製其中的種種精妙。你就是奇蹟！

請說：「謝謝神奇的身體！」

感恩食物

另一個和健康相關且強大的感恩方式是，感謝你攝取進身體裡的食物。

飯前感謝食物是已沿襲幾千年的傳統，可以追溯回古埃及人，他們相信懷著感恩祝福食物和水時，就能淨化所祝福的一切。

隨著二十一世紀的生活節奏加快，人們常忘了花時間感謝一頓飯。但如果你看看近期量子物理學的理論和發現，例如觀察者效應，會發現古埃及人很可能是對的。量子物理學中的觀察者效應，指的是觀察的行為會影響被觀察的對象。想像一下，如果專注於感謝你的食物和飲料，會改變它們的能量結構，淨化它們，那麼你吃喝的每樣東西都會對你的身體產生最終影響？這正是祝福食物時會發生的事——你改變了食物結構，而這也進一步影響了你的身體。用愛和感恩祝福水，也有同樣的效果。

你需要食物才能存活、思考、感覺快樂和維持健康，所以更要**好好**感謝食物。

今天吃喝之前，無論你是要吃一頓飯、吃一片水果或點心，或喝點什麼，包括水，都花點時間看看你正在吃喝的東西，然後在心裡大聲說出：「謝謝你！」**真正**感受愛和感恩。此外，當你坐下來吃飯時，確認你的對話都是正向的。如果可以，至少要有一口是在真正品味你的食物，這不只會增加樂趣，還會增加你的健康和幸福。

有位女士寫信給我，信中描述她苦於嚴重的肥胖問題，儘管嚴

格限制飲食，每天都去健身房運動，她還是半公斤都瘦不下來。這時她決定做些新的嘗試。她開始更有意識地吃東西，在動口之前會祝福食物，然後好好品嚐，並祈禱食物會滋養她的身體。效果幾乎立竿見影，她不再渴望或沉迷於食物，也不再擔心什麼是健康的、什麼會讓她發胖，她只是想吃什麼就吃什麼。她將所有感激的事寫成清單，還對她達到目標體重後能做的事表示感恩，包括穿上她夢想中的婚紗。一個月內，她減去三分之一的體重，逐漸達到理想體型。這都要歸功於她新發現的、對食物和對自己的感恩和欣賞。

　讓我們感激食物和它提供的健康！

　感恩是最好的倍增器，所以每天都要感謝自己的健康。再多的錢也買不到健康，因為這是生命的禮物，比一切都重要，你對健康一定要心懷感恩！你的感恩能保證健康狀態愈來愈好。

第六課
觀想健康

人被診斷出某種疾病時，通常不只會非常擔心，也會研究這種疾病，蒐集資訊了解可能惡化的症狀與可怕的後果。換句話說，他們把所有注意力都放在疾病上。

然而，吸引力法則告訴我們，即使專注於問題，也不能讓問題消失，這只會讓問題惡化。我們應該反其道而行，專注在生病部位的**理想**狀態，把我們的想法和感覺投入其中。專注或「**觀想**」身體任何一部分的理想狀態，會使用到大量的想法和感覺，所以一下子就能把健康吸引過來！

　　觀想是一個過程，幾世紀以來，所有偉大的人物和導師都在教導這件事。觀想健康之所以如此有效，是因為你在心中創造了自己很健康的畫面，產生現在**很好**的想法和感覺。觀想很簡單，只要非常專注於想著畫面，就會引起同等強大的感覺。你在觀想時，也會發散出強大的頻率進入宇宙中，吸引力法則會抓住那股強大的觀想力量，並讓那些畫面發生在你身上，正如你在心裡看到的一樣。

　　心智怎麼會有能改變物質世界的強大力量呢？古老的傳統強調，我們在物質世界中感知到的一切——絕對是一切——都是由「心智」構成的。他們說所有物質實際上都是「心智的產物」，因此心智能改變任何事物。

想像你完美的身體

　　當你在腦海中看到畫面並感受到時，就是讓自己相信你已經擁有了。你的潛意識不知道你是在想像，或者真是如此。記住，潛意識主宰你身體和健康的每個面向，當你想像完美的健康，相信你擁有了，潛意識就會收到那些想法和影像，就好像你真正擁有一樣，然後透過吸引力法則，一定會讓這些影像發生在你身上。

　　我們的目標是專注於最終結果，並體驗那種感覺，不去管事情會「如何」發生。當你覺得自己的想像是真實的，你就會知道這

已經滲透進入你的潛意識，吸引力法則就必定會予以實現。你心裡的畫面是「看到想像的已經實現」，你的感覺也是如此，你的心智和整個狀態都認為**已經發生**了，這就是觀想的藝術。

有名婦女嘗試戒菸多次，卻從未堅持超過一天。她的問題在於她根本無法想像沒有香菸的人生，而那正是讓她不斷吸菸的原因。所以她開始觀想，開始想像健康無菸的生活會是什麼樣子。結果她打破了習慣，再也沒有吸菸。這比她想像的容易多了，而那是因為身體對任何東西的沉迷，都敵不過想像和吸引力法則的力量。

讓我們感激吸入肺裡的純淨空氣！

觀想完美的健康

當丹尼斯‧維特利（Denis Waitley）第一次在《祕密》影片中介紹觀想時，他說，如果心理能辦到，身體就能辦到。他和他同事透過科學研究證實，身體無法區分想像和真實，因此無論哪種方式，反應都是一樣的。先來討論觀想對健康的影響。眾所周知，維特利博士從阿波羅太空計畫中得出了觀想方法，並在一九八〇及九〇年代將這用在奧運運動員身上。想想如游泳項目金牌得主「飛魚」麥可‧菲爾普斯在觀想的協助下，獲得超人般的力量和耐力；運用同樣的方法，你也可以用想像的力量，達到

完美的健康狀態。

觀想完美的健康是非常簡單的過程。

花一分鐘的時間想像身體的理想狀態。當你在腦海中看到你的身體是你想要的樣子時，要心懷感激，就好像你已經得到了一樣。

如果你想讓受傷的背恢復健康，先想像自己的背很強壯健康，能支撐你整個身體，讓你靈活自如，然後心懷感激，好像你已經得到了一樣。如果你想讓胃恢復健康，想像你感覺非常放鬆，因為你的胃可以毫不費力地消化食物，幫助重要的營養素分送到身體的每個部位。如果你想恢復心臟健康，那麼就想像健康有力的心臟正高效跳動，維持身體每個器官的健康。

如果你想改善視力，那麼想像自己看得很清楚。如果你想改善聽力，就想像自己聽得很清楚。如果想更有彈性，就想像自己擁有非常柔軟和敏捷的身體。如果你想改變體重，先想像自己想要的理想體重，然後觀想達到理想體重的自己，並對此表示感謝，就好像你已經達成了一樣。

無論你想改善什麼，先想像達到理想狀態的自己，然後感激這種理想狀態，就好像你已經得到了一樣。

一個十六歲女孩在經歷一場嚴重的摩托車事故後，就做了這樣的事。雖然她不記得實際發生的事，但她記得醫生說因為她的面部和頭部多處骨折，她可能會死。她臉上有六十處傷口，嘴、鼻和下巴都需要多次手術，醫生說，恢復的過程將緩慢而痛苦，且無法避免會留下疤痕。然而，這女孩卻用不同的方式看待這件事，她想像自己過著正常的生活，和朋友出門玩，而且臉上完全沒有疤痕——事實上，她想像自己擁有世界上最美麗的臉龐，並為此感謝宇宙，就好像她已經得到了。她的醫生對她復原的速度和程度感到訝異，在二十天內，她就快樂且健康地回家了。現在離事故已經過了幾年，但她臉上沒有任何痕跡，疤痕都消失了。她和想像中的自己一模一樣。

讓我們感謝健康和平安！

觀想創造奇蹟

凡事皆有可能，沒有什麼絕望的局面。不論可能性有多少，總有可能療癒。想想《祕密》影片裡莫里斯·古德曼的故事。空難倖存後，莫里斯全身癱瘓，躺在醫院裡，只剩眼睛還能眨動。醫生告訴他，他再也不能走路，但莫里斯知道自己內在的力量可以實現他所選擇的想法，他知道自己還能用心智觀想。結果，儘管困難重重，莫里斯還是走出了醫院大門。

如果你受傷或生病，但情況沒有改善，這表示比起想像完全康復的感覺，你更常想像受傷或生病的感覺。你必須讓天平傾向另一邊，腦中要充滿完全康復的好想法和好感覺，或是能讓你開心的一切，盡可能地快樂，因為每一刻的良好感覺都會帶來完全康復。

當你想像並感覺擁有你想要的東西時，其實你已經進入新的世界，在新世界中，你擁有了想要的東西。所以別告訴大家你的傷病沒有好轉，那是在反駁這個新世界，因為那代表你再次想像最壞的情況，你又回到了舊世界。在你想像最糟的情況時，你就會得到最不好的結果；當你想像最好的事，你也能得到它。事實上，你能想像完全康復，意味著它已經存在！如果有人問你過得怎麼樣，你可以說：「我**感覺**好極了，我的身體也跟著感覺走。」也可以說：「我何其有幸，因為這讓我比過去更加珍惜自己的身體和健康。」或者如果你夠大膽，你可以說：「我已經完全康復了。」

為他人觀想

你也可以觀想他人的健康。正如我朋友瑪爾西為她丈夫所做的，如果你想幫助某個有健康問題的人，可以在心裡觀想那個人強壯、快樂且健康的樣子。為了讓這更有效，在你心裡創造一個你們同在的場景，並盡可能為那個場景添加細節。想像你們倆說的話，看那個人做了只有健康快樂的人才能做的事。多次播放那

個場景，深深地感受你觀想的內容，就好像你已經得到了一樣。雖然最終那個人得創造自己的人生，如果他想恢復健康的話，這個過程會有很大的幫助。如果你能鼓勵對方加入你觀想的行列，力量會更加強大。

有個年輕媽媽親身經歷了這一點。她的伴侶在裝修家裡時，不慎切斷了三根手指，因為神經受損太嚴重，外科醫師不願意嘗試接上斷指。但他需要用手工作，這個診斷基本上終結了他的職業生涯。這對夫婦堅持要求外科醫師盡最大努力，重接手指，然而，手指治癒的機會很小，完全復原的機率更是渺茫。但這位女士不想聽這種負面說法，她開始想像伴侶的手完全恢復功能。她和伴侶喜愛的雙人觀想是：他們騎著哈雷機車，他的手靈巧地催動油門。

手術三天後拆除繃帶，醫生們訝異於手的癒合情形。到了這個階段，就連醫生也開始相信這個人能完全康復。的確，他在六週後回到工作崗位，而三個月後的 X 光顯示，缺失的骨頭碎片重新長了出來，他的手幾乎像新的一樣。也許最重要的是，他能催動哈雷機車的油門，帶著伴侶再次上路。

讓我們感激自己的雙手和手指！

對父母來說，最大的挑戰是孩子的健康出現危急狀況時。我們

用來療癒自己的「祕密」練習，也同樣可以用在孩子身上。如果孩子注定要走不同的旅程，你無法改變他的經驗，但孩子非常容易接受正向的想法和感受。

一個男人寫信給我們，講述他的小姪女早產的感人故事。他的嫂嫂在懷孕七個月時病重，醫生堅持要馬上引產，寶寶存活的機率非常小。事實上，情況非常危險，醫生還問要保住媽媽，還是保住小孩。此時，這個男人開始測試他的觀想技巧。他想像抱著寶寶說：「感謝母子均安。」他一遍遍重複這句咒語，直到他的姪女誕生，醫生向他們保證母女都已脫離危險。寶寶因為早產兩個月，馬上被送進加護病房，醫生對她生還的可能性仍然有些悲觀，但這家人拒絕接受任何負面事物。他們不討論寶寶的情況，而是外出採買寶寶的衣服，並爭論她最像誰。雖然小小的身體上接了許多管子、電線和醫療設備，每晚睡前，她的叔叔都會想像他擁抱姪女，和她玩耍的樣子，最重要的是，觀想自己看著十分健康的她。六週後，這家人可以接她回家了，她完全康復，和其他新生兒一樣健康。

讓我們感謝健康的家人！

想像健康

不論你發現自己面臨什麼處境，試著想像完全痊癒時的感覺。

如果你能想像自己健康，就會感覺健康，而當你感覺這是真的時，就會得到。想看到健康改善，你只要想像、感受擁有健康會是什麼樣子。

如果你過重或過輕，想像現在就擁有完美體重的話，會是什麼感覺？你的感覺和以前不一樣了，你的一切都會改變，走路的姿態、說話的方式和行為都會不一樣。那麼，現在就那樣走路！現在就那樣說話！現在就那樣行動起來！你想要什麼不重要，請想像你得到時會是什麼感覺，如果可以，現在就那樣感受。無論你想像什麼感覺，你都會發出訊號，然後依據吸引力法則，你一定會得到。

每天運用你的想像力，**想像**自己**如果**健康十足會是什麼樣子，**想像**自己**如果**可以隨心所欲會有什麼感覺。運用所有感官，想像健康時能發生的每個場景或情況，感覺你現在已經得到了。想像完美的體重、健康運作的器官，感覺你已經擁有了，並為此心懷感激，也為你已經擁有的健康而感激。每天花三分鐘想像並感受你想要的健康狀態，每天都這麼做，直到你感覺自己已經得到了，直到你知道這屬於你，正如你知道你的名字屬於你一樣。你

的健康會發生一些改變，一、兩天後就會達到你想要的狀態，其他改變則可能需要長一點的時間。你的身體可以變成任何你想要的樣子，不過這必須透過你的想法、感覺和想像才能實現。

健康願景板

另一種運用想像力吸引完美健康的方法，是利用願景板。

當你把想要的東西或生活的圖片放在願景板上時，能幫助你在心裡為想要的結果創造畫面。你可以利用自己最健康、最有活力時的舊照，或是你希望能再次參加的活動舊照，也可以用自己過去理想身材時的舊照；又或者，你可以使用他人理想體重或理想健康狀態的照片，或是他們正做著你一直想做的事的照片。將願景板放在你能看到的地方，每天都看看它。看著願景板時，能將你想要的樣子刻印到心裡，在你專心看著願景板時，會刺激你的感官，引發內心的正向感受。請**感覺**你已經擁有、成為或做那些事時的感受，如此你就啟動了兩大創造元素——你的思想和你的感覺。

我認識一個女人，她很努力想懷上第二個孩子，三年半之間，她流產了六次。可以理解的是，她開始自我責備和懷疑，而醫生和其他生育專家指出的她的高齡和其他「毛病」，使情況更加惡化。更糟的是，她沒有足夠的錢或健康保險基金可以支付試管嬰

兒或其他昂貴生育治療的費用。懷上第二個孩子的夢想開始破滅。

此時，她決定專心照顧她的第一個孩子，並感恩這份福氣。這樣的感激大大地改變了她的處境：她的雇主賣了公司，新雇主提供了包含試管嬰兒費用的健康保險，她還被建議換醫生，新的生育專家對她再次懷孕抱持樂觀態度。

在治療計畫的早期階段，她決定打造願景板。她在網路上找到可愛嬰兒的照片，嬰兒有她和丈夫的身體特徵。她把那張照片掛在書桌上方，這樣她每天都一定會看到。

儘管有新醫生的支持和鼓勵，試管嬰兒的過程仍不如預期：結果，他們只有一個卵子可供受精。移植那天，護士給她一張八細胞胚胎的照片，喜悅和希望讓這位女士熱淚盈眶。她後來也將這張照片放到願景板上，旁邊就是她在網路上找到的照片。因為她過去的流產紀錄，這次唯一一個可以植入的胚胎能成功的希望非常渺茫，能順利到足月的可能性也很小。但奇蹟發生了，九個月後，她健康快樂的兒子出生了。

孩子出生後不久，這家人就搬了家，但幾個月後，這位媽媽打開箱子時發現了她的願景板，她驚呆了，因為她在網路上找到的可愛寶寶照，和她現在十五個月大的男孩一模一樣。

讓我們感謝奇蹟！

所以，從這位女士身上可知，永遠不要因為不良的預後或一些認為某某事不可能的建議而感到氣餒。我想說的是，只要你相信，一**切**皆有可能。

事實上，截止目前你的人生，都是你**曾想像**的樣子。你擁有或未擁有的，生活中每個處境，包括你的健康、能力和限制，都是你想像成真後的樣子。許多人不去想像最好的事，而是身處恐懼，害怕所有可能出錯的事；當他們一直想像或感受那些事，事情當然就發生了。請感覺並想像自己的健康、身體和生活處於最完美的狀態，因為想像最好的事物，對你和吸引力法則而言都只是小事一椿！

第七課
肯定健康

　　人們生病時經常會一直談論疾病,那是因為他們一直想著,所以將想法付諸言語。如果你感覺有點不舒服,別談論,除非你想讓自己更不舒服。疾病是透過想法、對疾病的觀察和投注在疾病上的注意力,而留存在身體中。

　　有位女士寫信告訴我們,她有嚴重過敏,所以總是因為天氣突然變化、空氣中的灰塵,甚至是香水就咳嗽或感冒。只要感覺過敏要發作了,她就會不自覺地和家人朋友討論。最後,她終於意識到討論問題帶來的負面能量會導致過敏症狀,並讓她因此受苦。她馬上停止和家人朋友討論她的健康問題,不久之後,她擺

脫了所有症狀。

　　讓我們感謝健康安好的感覺！

　　如果你感覺有點不舒服，要承認你的想法和言語必須對此負責，盡可能地經常重複：「我感覺很好，我感覺好極了。」並且真正感受到你很好。如果你在不舒服時，有人問你感覺如何，只要感謝那個人提醒你去想感覺好的事情，只說你想要的事。

　　討論正在傳播的病毒、疲勞、疼痛、流感症狀，或剛從醫生那裡得到的診斷，都是在談論你不想要的東西。每一次投入地談論不想要的東西，都會為生活帶來更多掙扎和困難。當你談論健康問題時，那不是在談論你想要的東西。

　　談論身體健康有多好，談論你擁有的精力，和你打算用這些精力做什麼，談論對身體和健康有什麼想感恩的地方。你說的必須是你想實現的事，在對話和想法中這樣說：「想像一下……」句子剩下的部分填入你想要的內容。「想像一下，如果我再次擁有二十歲時的精力。」「想像一下，如果我每天醒來都興奮地起床。」

　　如果你和朋友聊天，他們抱怨自己的健康，而你想幫助他們，你可以說：「想像如果你已經完全復原，會是什麼感覺！」因為

事實上，你朋友完全健康的可能性已經存在，如果他們可以想像且感受到，就能得到！然而，如果你不能讓對話轉向正面積極，你可以告辭離開。走開時，投入強烈的想法和感覺去想像他們很健康，然後放下這件事。

接收完美健康的肯定句

然而，當涉及自己的人生時，你可以改變任何事情，因為你有無限的能力去思考和談論你想要的東西。因此，你有無限的能力將一切美好的事物帶到生活中，包括完美的健康！最快和最直接的方法，就是透過肯定句。肯定句就像個人使命宣言，你一次次對自己喊話，直到成為信念，進入你的潛意識中。記得，潛意識主宰身體及健康所有面向，因此當有關健康的肯定句成為潛意識的信念，就會成為潛意識發出的命令，調動所有細胞和器官，以刺激療癒。

有個女人形容自己負向、抑鬱。她過重，討厭自己的身體，也認為只要自己經歷美好時光，壞事必然隨之而來。在這種情況下，她去看了婦科醫生，得到令人沮喪的消息：她的細胞不正常，離子宮頸癌只有一步之遙。他們說，她需要接受緊急手術，移除這些不正常細胞。此時，她決定奪回人生的主導權。她戒菸，找了個人教練開始健身，也瘦了幾公斤，但最重要的是，無論白天黑夜，她會對自己說：「我很健康，我感覺很健康！」在她這麼

對自己喊話幾天後，她真的開始相信了。從那時起，她知道自己
會沒事的。手術當天，奇蹟發生了。新的細胞切片結果顯示完全
沒有異常或癌症的跡象，這和前兩次切片結果截然不同。她的醫
生行醫四十五年來，從未見過這種情況，他還說她的細胞好像自
癒了。但當然，這正是發生的事實。她有力的肯定句——「我很
健康，我感覺很健康！」——命令她的身體自我修復。

讓我們感謝所有健康的細胞！

「我是」的力量

「我是健康的」這個簡單的肯定句，在前兩個字「我是」即揭
示了偉大的祕密。

當你說「我是」時，後面所接的話語能得到強大的力量召喚創
造結果，因為你正在宣告這是事實，你用肯定的語言來陳述。所
以當你一說「我累了」「我病了」「我受傷了」「我太胖了」或
是「我老了」，精靈會說：「你的願望就是對我的命令。」

知道這一點後，好好利用「我是」這個強大的詞，不是很好
嗎？你可以說「我是開心的」「我是強壯的」「我是年輕的」或
「我每天都是充滿活力的」。

查爾斯‧哈尼爾（Charles Haanel）在他的著作《萬能鑰匙系統》中宣稱，有一個肯定句包含任何人想要的每件事物，這個肯定句將為萬物帶來和諧的條件。他又說：「之所以如此，是因為這個肯定句與『真理』完全一致；當『真理』出現，一切錯誤或不和諧的形式必然會消失。」

這個肯定句是：「我是完整、完美、強壯、有力量、充滿愛、和諧又快樂的。」

試著每天都對自己說這個肯定句。

「我是完整、完美、強壯、有力量、充滿愛、和諧又快樂的。」

當然，要有效使用以上肯定句，取決於你說出口時有多相信這是真的。如果沒有信念，肯定句就只是沒有力量的詞語。如果你覺得難以相信，不斷重複肯定句將有助於建立信心；當你終於相信自己說的話，就把話語的內容創造出來了，不論它是什麼。

如果你目前正面對健康問題，不論在一天中什麼時候，只要想起來，就說：「我很好。」喜歡的話，一天可以說幾百遍。要經常說，但要說得非常非常慢，每個字都要同等重視。「我—很—好。」在緩慢唸誦時，感覺這些字的含意，盡可能地感覺內在的安康。每一天都要建立這種感覺，你會愈來愈擅長。感覺內在的

安康，而非對外在狀況做出反應，你將能改變外在狀況。

　　有位教師利用肯定句練習克服了憂鬱症。多年來，他的憂鬱症復發了好幾次，最後一次發作時，他感覺陷入新的低谷，但他不想再受苦，不斷對自己重複「我正在康復」這個肯定句。後來，他用了更具體的肯定句：「我將找到合適的治療師，我會痊癒的。」這兩句簡單的肯定句證明是有效的，他找到合適的醫生，並讓自己走上了心理健康的道路。

　　一名年輕女士分享了相似的經驗。她患有慢性憂鬱症和焦慮症，五年來一直在服用抗憂鬱藥物，每次企圖停藥時，就出現嚴重的心悸，恐懼和焦慮讓她不得不重新服藥。所以她轉而使用肯定句。她在「祕密」的網站上讀到一則故事，受故事鼓舞，於是肯定地說：「我的身體和神經能產生所有化學物質和神經傳導物質來療癒我自己。」後來她又說：「感謝我康復了。」她一整天都在重複這兩個肯定句，渴望能療癒自己。當晚她睡得很好，隔天醒來決定不再服藥。第二天沒有心悸，也沒有負面的想法。幾個月後，所有憂鬱和焦慮的症狀都消失了，也沒有因停藥產生戒斷症狀，最重要的是，多年來她第一次感到快樂，這都要感謝正面想法和肯定句。

　　讓我們感謝自己的心理健康！

　　雖然慢性憂鬱症在一夜之間痊癒似乎令人難以置信，但要知道，身體完全有能力產生平衡身體和克服任何疾病（包括精神疾病）的神經化學物質、蛋白質、抗原和免疫細胞，只要記得，任何停止或調整藥物的決定都應先諮詢醫療專業人員。

強大的自我暗示

　　二十世紀初，法國心理學家兼藥師埃米爾‧庫埃（Émile Coué）是利用正面想法幫助治療的先驅。他的療法能成功，部分是因為讓病患每天做簡單且有意識的自我暗示：

「每一天，各方各面，我都愈來愈好。」

　　這不僅是對健康的有力聲明，正如你看到的，這些詞是對生活中所有領域發出的強大聲明。使用這個肯定句時，要非常緩慢地說出來，而且完全相信這句話的含意。我們投入這些字詞的能量，可以讓它們變得強大。

　　你的任務是想像完美的健康，然後一遍遍在腦海中重複這個想法，直到成為信念。宇宙將接手這項任務，驅使人、事、物一起讓你康復。

　　有位女性被診斷出罹患多發性硬化症，這是種影響大腦和脊髓

的自體免疫疾病。多發性硬化性沒有已知病因，沒有療法，預後也各不相同，但對這位女士來說，這種疾病的攻擊性非常強，在第一次診斷後十八個月，她身體的一側已經無法移動。此時，她開始使用強而有力的肯定句。如果有人問起，她會說：「我非常健康！」即使他們不問，她也會告訴他們：「我非常健康！」她透過各種方式幫助自己相信這個肯定句，包括觀想和祈禱。

兩個月後，她參加一場多發性硬化症研討會，希望能學到一些有用的瑜伽技巧。一開始，她看到大多數人都坐著輪椅，感到很沮喪，然而，她遇到一位分享幹細胞移植最新發展的客座講者，結果發現，在她目前的疾病階段，可以用這種治療阻止病程發展，這表示她不必承受更多副作用——實際上，這就是一個解決方法。現在唯一的問題是，她的國家沒有這種療法，她必須到海外，費用非常昂貴，而且可能要等待兩到三年。

她沒有被嚇倒，回頭再次利用對完美健康的肯定想法，並想像她有個健康的身體。她也感謝宇宙讓她可以用能承受的價格，在最好的醫院，從最好的醫生那裡接受幹細胞治療。

幾個月後，她高興地得知，國內將引進這種療法，並且提供高額補貼。更好的是，她是第一個病人。治療取得前所未有的成功，副作用也很小，因此她提前一週出院了。自此，她成為幹細胞移植的倡導者，為世界各地的多發性硬化症患者提供諮詢。

　　無庸置疑的是，這位女士從先進的醫療中獲益匪淺，然而，她也真的透過思想和語言的力量，吸引來這項療法和這個救命的機會。

　　讓我們感謝醫學的偉大進步！

　　你有能力創造自己想要的任何事物，因為你不只是一個人，你是一個無限的存有。完美的健康就是你，完全可以用於你的身體，你不必真的去創造，因為這會持續滲透到你身體的每個細胞。你只需要不再阻止健康顯化在你的身體上。任何情況下都不要想著生病，任何情況下都要專心地想著健康和安好。

　　作為這一課的總結，我想和大家分享一些我喜歡的健康肯定句，也是我經常使用的句子。我建議各位至少從中選擇二十五個肯定句，每天背誦給自己聽。如果你正面臨健康的特殊狀況，那麼我建議每天都要背誦所有句子，我就是這麼做的。你也可以選擇最有共鳴、最適合你想要的健康狀況的句子。

我喜歡的健康肯定句

　　一切都好。

　　我很好。

我的身體很好。

健康就是一切。

現在就很健康。

健康就是我。

我是健康的，健康的，健康的。

我是完整、完美、強壯、有力量、充滿愛、和諧又快樂的。

感謝我的身體非常健康。

我的體力棒透了。

我精力充沛。

我活力十足。

我像牛一樣強壯。

我精神奕奕。

我身材很好。

我健美漂亮。

我的健康指數良好。

我的健康狀況良好。

我的身體達到完美的平衡和完美的健康。

我有積極正向的想法,可以讓完整的健康在身體裡流動。

我的身體十分完美。

我的身體處於完全的和諧。

我的身體表現出完美的穩定性。

我可以看得非常清楚。

我可以聽得非常清楚。

我的聽力絕佳。

我有完美的平衡感。

我的骨頭強壯。

每天早上醒來，我的身體都得到完全的休息、全然放鬆且充滿活力。

我感謝身體愈來愈健康。

我感覺好極了。

我感覺棒透了。

我很好。我很好。我很好。

我活得很久、很久，很快樂、很快樂，很健康、很健康。

謝謝你，謝謝你，謝謝我完美的健康和安好。

第八課
永恆的你

　　諾貝爾獎得主、美國量子物理學家費曼曾說：「在生物學中尚未發現任何事表明死亡是不可避免的，這代表……那根本不是不可避免，一切只等待生物學家發現給我們帶來這麻煩的原因。」

　　古書上說，人們曾經能活超過百年，有人活了八百年，有人活了五、六百年，長壽是司空見慣的事。所以，發生了什麼事？人們改變了自己的信念。他們不再相信人能活數百年，並在幾代人的時間裡改變了信念，開始相信人的壽命不太長。

　　我們繼承了這個信念，同時相信疾病和身體退化是不可避免

的。從我們出生，壽命長度和身體如何隨時間變化的信念，就滲入我們潛意識的結構中。我們從很小的時候就開始設定自己的身體只能活一定的時間，而我們的身體也就依據設定老化、退化。

如果可以，不要給自己的壽命設限。只要有一個人打破預期壽命的限制，那個人就會改變全人類的平均壽命軌跡，也會有愈來愈多人跟上，因為若有一個人的壽命遠超過現今的平均壽命，其他人就會相信並覺得自己也能做到，而他們的確會做到！

你是永恆的

事實上，**沒有**限制存在，你的健康、身體，甚至死亡當然也無法強加限制於你。許多人恐懼死亡，但事實上，身體可能結束，我們卻是**永恆的生命**。在物理層面上，我們是純粹的能量。

這是什麼意思？當你將之分解，宇宙中的一切都由能量組成，包括你 —— 最大的是你的身體，再來是手腳和器官，接著是細胞、分子，然後是原子，接下來在次原子層次中，一切都變成了能量。你是由純粹的能量組成。

這一切如何讓你成為永恆？對我來說，這個問題的答案是「祕密」裡最精采的部分。你是能量，而科學已經證明能量永遠無法被創造或毀滅，只會改變形式。那就是你！你的真實本質，你的

純粹能量，過去一直存在，也會永遠存在。你永遠無法「**不存在**」。

　　在你內心深處，你明白的。你能想像「不存在」的樣子嗎？除了你在生活中看到和經歷到的一切，你能想像「不存在」嗎？你不能，因為這是不可能的。人類無法想像不存在。我們可以想像身體不再活著，但就是無法想像不存在。你認為這是為什麼？你覺得是偶然嗎？不是的。你不能想像自己不存在，因為你永遠不可能不存在！如果你可以想像，就能創造，而你永遠不能創造它！你一直存在，也會永遠存在，因為你是創造的一部分，你是永恆的能量。

　　那麼，一個人死了會怎麼樣呢？身體不會變得不存在，因為沒有這樣的事，而是會融入大自然。你內在的存有——**真正的**你——也不會不存在。「存有」（being）這個詞告訴你，你將永遠存在！如果你死了，你不會成為一個「曾經」的人；同樣地，在出生前，你也不是一個「將要」的人！你是一個擁有暫時人類體驗的永恆存有。如果你不存在了，宇宙就會出現一個空白空間，整個宇宙都會向那個空間塌陷。

　　我喜歡用另一種方式來看待這件事。當一輛舊車不能再發揮作用時，我們會很聰明地賣掉它。我們交出舊車，擁有一輛新車，並開著新車繼續我們的旅程。你也足夠聰明，會在身體這個交通

工具無法發揮作用時更換到更新、更好的模式，並用新的交通工具繼續前進。人體和車都是交通工具，而你是永遠的司機。

　　你可以在這個身體和這段人生中體驗無限的健康和快樂，但永遠不要忘記，你是永恆的生命，你是無限的存有，你充滿力量，充滿智慧，聰明無比，絕對完美，你太棒了。你是創造者，你正在這個星球上創造你的創造物。

摘要
健康的祕密

　　既然你知道了「祕密」，就有能力改變任何事情，包括你的健康。透過你自己的思想，運用創造過程和其他本書已討論過的強大程序，你可以選擇戰勝疾病、抵禦疾病，從傷害中恢復，增進體能，達到理想的體型，或是維持青春永駐。一切都在你的掌控之中。

　　你的工作很簡單：弄清楚你想要什麼，預先做好準備，讓宇宙可以提供道路。別試著預測或操控解決方式，要敞開心胸，專注於健康的最終結果，而不是復原的過程。吸引力法則在你的內心運作，回應你的想法，這就是你的力量所在。

　　我們習慣於快速採取行動找出問題，修正問題，或者消除問題。我們如此習慣把注意力放在問題上，但現在你知道，如果想擺脫問題，包括健康方面，就不要想著問題，而是專注於你想要的！你在外在世界有無限的力量，但要透過你選擇關注的事物，

才能運用這股力量。

　　正如澳洲健康專家詹姆斯・杜根（James Duigan）所說：「如果你不喜歡某樣事物，就拿走它唯一的力量，也就是你的注意力。」

　　最後，我想重申採納執業醫師專業醫療建議的重要性。請讓你選擇的醫生專注於疾病的症狀和身體表現，你則負責所有疾病和療癒的根源——你的想法和感覺。你的內在擁有最強大的自癒力，與奇妙的醫學（無論是正統醫學或替代療法）相互配合時，就可以發揮最大的潛力。

　　願喜悅和安康與你同在。

朗達・拜恩

Rhonda Byrne

金錢的祕密

引言
金錢的祕密

在發現「祕密」之前,我正邁向電視行業的成功顛峰。我住在漂亮的公寓,開著好車,經營成功的公司。多年奮鬥和犧牲後,我想我終於成功了,為我美好的人生做好準備了。但突然間,一件又一件毀滅性的事發生了,在短短幾個月裡,我的整個人生崩潰了。我的公司在失敗的邊緣搖搖欲墜,我所努力的一切都從掌握中滑落,我陷入絕望。但就在這一刻,我發現了一個祕密,不只拯救了公司,還改變了生活中的一切。

我開始了解到,歷史上許多最偉大、最成功的人士都知道這個祕密,這讓他們能將世上大多數財富聚集到極少數人手中。

當我開始將這套知識融入自己的生活時,我對金錢產生了完全不同的心態,徹底改變了我的財務情況。我知道我能做的事,你也能做到,只要你理解那些原則,就可以改變你的財務情況。

　　無論你是出生在印度、美國、德國或非洲，你的起始環境並不決定你可以擁有的人生。你所處社區或外在世界的條件無法決定你的夢想能不能實現，出生時家裡有沒有錢、受多少教育、認識哪些人或是擁有多少經驗，也不重要，只要你將這套知識付諸實踐，就可以實現所有夢想，達到財務自由，永遠不用再擔心錢。你將開始感受到享受無限財富的自由是什麼感覺，這是你與生俱來的權利。

　　金錢的祕密是把鑰匙，通向你一直想要且應該得到的生活。所有美好的事物都是你與生俱來的權利，而金錢的祕密將帶領你創造想要的任何東西。歡迎來到人生的魔法！

第一課
金錢的祕密

金錢的祕密是什麼？

這真是一個價值百萬的問題，因為你一旦發現金錢的祕密，就會知道人生的祕密。

這並非說錢是人生中最重要的東西，遠非如此。但當你了解「祕密」，就會意識到自己可以在生活中擁有想要的一**切**，包括幸福、健康、良好的人際關係，當然，還有很多財富。

成功富裕是你與生俱來的權利，在生活的每個層面，你都掌

握著鑰匙，能獲得比你想像中更多的富足。事實上，只要你想像自己過著富足的生活，就是透過最強大的自然法則——吸引力法則，來決定你的人生。

吸引力法則是什麼？

「祕密」就是吸引力法則。

這個法則決定了宇宙所有的秩序，包含你人生中的每一刻、經歷的每一件事。這個普遍的法則，就像萬有引力一樣公正和客觀。吸引力法則一直如萬有引力般發揮作用，無論你是誰、你在哪裡，吸引力法則都在塑造你整個生活經歷，而無論你知不知道，讓吸引力法則發揮作用的人是你，只要透過你想法的吸引力，就可以讓一切發生。

當你想著某件事物，並且保持專注，那一刻，你便是用宇宙中最強大的力量召喚你正想著的東西。透過這強大的法則，你的想法會在生活中實現，**思想變成實物**。請重複對自己說這句話，讓它滲入你的意識和覺知中：

思想變成實物！

你就像磁鐵，吸引生活中所有的情況和事件。當你成為財富磁

鐵，你會吸引財富；當你成為健康磁鐵，你會吸引健康；當你成為愛的磁鐵，你就會吸引到愛。根據你正在想些什麼，你會吸引並接收到與財富、健康、愛情、人際關係、工作有關的境況，以及生活中的每一個事件和經歷。對金錢抱持正面想法，你就能吸引正面的境況、人物和事件，為你帶來更多財富；如果對金錢抱持負面想法，就會吸引負面的境況、人物和事件，讓你缺錢。吸引力法則根據你的想法，源源不絕地賦予你生活中的一切。當你想著「我買不起」時，根據法則，你會繼續過著買不起東西的生活；如果你想著「我的錢不夠」，那麼當然，你會一直沒有足夠的錢。

宇宙供應商

如同所有自然法則，吸引力法則絕對完善。你的人生由你創造，種瓜得瓜，種豆得豆！你的想法就是種子，你的收穫取決於播下的種子。

把吸引力法則視為供給法則，它能讓你從全體供應源中汲取物資。宇宙是萬物的供給者，一切事物都來自宇宙，然後藉由吸引力法則，透過人、境況和事件傳遞給你。當你想著你想要的，完美的人、境況和事件就會被送來給你，讓你接收。以下舉個例子：

一名剛過三十歲的女士寫信給我，訴說她的夢想是回饋社區，

幫助年輕人達成他們的目標。她決定換工作,回到學校成為老師。她晚上念書,白天則在當地的貧民區高中當代課老師,薪水很差,班上人數卻多得嚇人,她的學生每天都會辱罵她。同時,她還在高額的學生貸款和信用卡債務的重壓下苦苦掙扎,晚上經常哭泣,被一切壓得喘不過氣,卻從未忘記自己的夢想。然後,出現了一個在日本英語學校任教的機會,對方承諾學校是小班教學,學生都很熱情,學校也會提供宿舍。她抓住這個機會,現在唯一的問題是,她必須清償近四萬美元債務才可以離開。因此,她使用了吸引力法則。第一步,她寫給自己一張四萬元的支票,然後提領兩百元現金,一遍遍數到四萬元。她每天都這麼做,直到大筆財富真的開始滾進來。在出發前往日本的前兩週,她收到奶奶寄來的一萬兩千元支票,只因為奶奶很替她感到驕傲。接著,她收到通知,一萬七千元的就學貸款得以豁免,因為她曾在高需求區域任教。最後,她突然從一位前雇主那裡收到了十年前完成工作後對方一直沒支付的一萬元工資。幾天內,她已經籌到需要的錢,吸引到完美的人、境況和事件,清償了債務,讓她可以飛往日本,實現夢想。

　　既然你知道一切都來自宇宙,宇宙透過吸引力法則供應萬物,那麼處理財務問題時,就要非常注意自己的想法。你對金錢的想法可能引來財富,也可能讓財富遠離你。

吸引富足，而非匱乏

將財富帶入生活中的人正在使用「祕密」，無論是有意識或無意識。他們想著富足和財富，不讓矛盾的想法在腦海中生根。他們的主要思想是財富，只知道富有，匱乏在他們心中是不存在的。無論有沒有意識到，他們因為主要想著財富而為自己帶來了財富。這就是吸引力法則發揮了作用。

每個錢不夠的人，都是因為他們的想法阻斷了金錢來到身邊。每個負面想法都在阻斷好事到來，包括錢。不是宇宙不讓你得到錢，因為你需要的所有財富現在都存在無形之中，如果你擁有的不夠多，這是因為你阻止錢流向你，你用自己的思想阻止了錢。你必須讓思想的天平從缺錢傾向有錢，多想想富足而不是匱乏，才能扭轉情勢。

總而言之，當你認為自己生活富足，就是在透過吸引力法則有力地、有意識地決定你的人生。就這麼簡單。但最明顯的問題是，為什麼不是每個人都能實現夢想？答案很簡單，因為他們更常想著自己不想要的，而不是想要的。聆聽你的想法，聽聽自己說的話，吸引力法則是絕對的，不會出錯。

「不想要」導致的衰退

　　一場比世界上任何一次股市崩盤都更糟糕的經濟衰退，已經肆虐了幾個世紀，那就是「不想要」導致的衰退。人們將主要的思想、話語和行為集中在他們「不想要」的東西上，因而讓衰退持續下去。但這個世代將改變歷史，因為我們正在接受可以讓我們自由的知識！就從你開始，你可以成為新思想運動的先鋒，只要想著、說著你想要的事物即可。

　　當你把想法集中在你不想要的事物上，而且保持專注，就是用宇宙中最強大的力量召喚它。吸引力法則不會分辨「不要」或「不」，也不會分辨任何負面字詞，當你說出否定的話語時，吸引力法則收到的是截然不同的請求。

　　舉例來說，當你說：「我不想要流失顧客。」

　　吸引力法則聽到的是：「我想要流失顧客。」

　　當你說：「我不想丟了工作。」

　　吸引力法則聽到的是：「我想要丟了工作。」

　　當你說：「我現在不想再收到更多帳單了。」

吸引力法則聽到的是：「我現在就想要更多帳單。」

當你說：「我不想要生意失敗。」

吸引力法則聽到的是：「我想要生意失敗。」

當你說：「我不想輸掉所有錢。」

吸引力法則聽到的是：「我想輸錢。」

當你說：「我不想被查帳。」

吸引力法則聽到的是：「我想被查帳。」

你正在想著什麼，吸引力法則就給你什麼。就是這樣！

你可能會驚訝地發現，吸引力法則竟會如此按字面意思行事。

一對年輕夫妻分享了一個強烈的願望，他們想要那樣東西勝過世上所有事物──他們自己的家。

然而，妻子更固執於想著她不想要的──方形的房子。當然，我們都有自己的偏好和喜歡的風格，而她對現代主義、玻璃盒般

的建物有非常強烈的厭惡感。於是，宇宙給了這對夫妻最不可思議的機會，購買他們第一間房子，而且是筆無法拒絕的交易。房子在各方面都很完美，除了一點：它是現代主義、玻璃盒子般的房屋。從這個例子可以學到一個教訓：當你專心想著自己不想要的，宇宙就會送給你不想要的東西。

無論你目前的財務狀況如何，都是你透過想法讓它變成現實的。如果不是你想要的，那也是你無意識創造出來，是你自己造成的。當你可以發現這一點，你就會明白自己的創造力有多強大。現在你要做的，就是有意識地創造！

想吸引金錢，你必須有意識地專心想著財富。

千萬別說：「我買不起！」

如我先前所說，當人們想到自己喜歡的東西時，會因為想著「我買不起」或是「我的錢不夠」，而害自己無法得到。

如果你只注意自己的錢不夠，就不可能帶更多錢進入生活中，因為那表示你的**想法**是自己的錢不夠。把注意力放在錢不夠，你會創造出沒有足夠金錢的情況。為了吸引更多錢，你必須專心想著大量的錢，如果想著匱乏，就不能為人生帶來任何東西。

如果「我買不起」這句話已經說出口，你**現在**還是有能力改變。換成：「我買得起！我可以買那個！」一遍遍地重複，變成一隻學舌鸚鵡。接下來三十天，要刻意看著你喜歡的一切，然後對自己說：「我買得起，我可以買那個。」看到夢想之車開過身邊，說：「我買得起那個。」看到喜歡的衣服、想到美好的假期，說：「我負擔得起。」當你這麼做時，就會開始改變自己，開始對金錢**感覺**更好。你會開始說服自己，你買得起那些東西，而當你這麼做時，生活的樣貌就會開始改變。

你必須用自己的思想發出新的訊號，應該想著你目前擁有的綽綽有餘。你真的需要發揮想像力，假裝自己已經擁有想要的錢，而這實際做起來會很有趣！你會注意到自己假裝玩有錢遊戲時，對錢的感覺會立刻變好，而你對錢的感覺變好，錢就會開始流入你的生活。

如果你認為自己已經很專注於充足的金錢，但錢一直沒有出現，那不代表吸引力法則沒有發揮作用。你永遠不能說吸引力法則沒用，因為法則一直都是有用的。每個人生活的每時每刻都在吸引著什麼，如果你尚未擁有自己想要的，就該知道你是這樣看待使用這法則的效果。如果你沒得到想要的，並且觀察到自己**「沒得到」**想要的，想著**「沒得到」**想要的，那麼你便是在創造**「沒得到」**想要的這個狀況。你不是在吸引你想要的，就是在吸引「沒有你想要的」。你還在創造，而吸引力法則還在回應你，

這是因為法則一向很精確，從沒失敗過。吸引力法則看似沒發揮作用時，你可以確信不是法則失效。事物未如預期出現時，總是因為這個人沒有正確使用吸引力法則。

這真是好消息！走路不也需要練習？開車不也需要練習？

練習，即是你和富足成功生活的橋梁！

需要多久時間？

當你專心想著自己想要的，而非觀察著「**沒得到**」，經常會有人問：「錢要多久才會來？」

宇宙沒有時間，正好像宇宙沒有大小一樣，實現得到一元和一百萬元的夢想，都是一樣的，都是同樣的過程。而一快一慢的唯一理由，是因為你認為一百萬元是一大筆錢，而一元不是。

當你認為某樣東西真的很大時，實際上你是在對吸引力法則說：「這太大了，一定很難達成，或許會花很長的時間。」你會是對的，因為無論你想什麼，就會得到什麼。如果你認為自己的願望真的很大，就會在收到自己想要的東西這件事情上製造出困難和時間延宕，但對宇宙而言沒有大小之分，宇宙也沒有時間的概念。

　　為了幫助你真正了解如何創造，不論在你看來自己的願望有多大，都要想像成一個點的大小！你或許想要房子、車子、美好假期或是一百萬元……你想要什麼都沒關係，把這一切想像成一個點的大小，因為對宇宙來說，你想要的比一個點還要小！

從小事開始

　　為了幫助你展開吸引力法則之旅，先試著吸引一些小東西，像是一杯咖啡。多數人可以很快實現小願望，這是因為他們對自己吸引小東西的能力不會有太多抗拒，因此比較不會產生矛盾的想法。

　　對某個人來說，快速吸引小東西成為一種需要和驕傲。他剛下班回家，妻子告訴他，他們沒錢買食物，必須向她媽媽借二十美元，才能維持到下次發薪日。他心血來潮，告訴妻子不要擔心，他在公司留了二十元。這是個善意的謊言，公司沒有二十元，至少他是知道的。他使用吸引力法則，在睡覺前想像那二十元。為了確定那是他的二十元，他想像上面用藍筆寫著阿拉伯數字「500」。

　　第二天，他滿懷信心去上班，相信他的二十元一定會用某種方法送到他手裡。大約在午餐時間，人事部經理下來找他，通知他得了工作彩券的二獎，獎金二十元。當他拿到獎金時，果然，上

面用藍筆潦草寫著「500」這個數字。

　　如果你的願望是吸引金錢，你可以像這個男人一樣，先從吸引一張有標誌的二十元美金鈔票開始。或者你可以換成銀幣、金幣，或是全新的閃亮硬幣，任何與你國家的貨幣相關的具體細節都可以，但得確定要有點特別，如此你吸引到時就會知道，例如選擇特定年份的硬幣。專心想著那枚閃亮的硬幣，但別管錢會怎麼來到你身邊——它可能是找來的零錢，或是在口袋裡找到，或是在沙發抱枕後面，或是在人行道上偶然發現。這枚閃亮的硬幣如何來到你面前並不重要，當你專心想著這枚硬幣，宇宙會動員所有人、境況和事件，將這枚硬幣送到你面前。

　　從一些小東西開始——例如一枚閃亮的硬幣——這是一種體驗吸引力法則在發揮作用的簡單方法。在你體驗到吸引的力量時，就可以繼續創造更大的東西。

　　如果你渴望的大東西包括大量的金錢，那麼就像閃亮的硬幣一樣，你不需要關注這筆錢會如何到來。如果你一直抱持過去的想法，認為只有透過工作才能得到金錢，那麼馬上放棄這個想法。當你繼續以過去的經驗認為這是必經過程時，你會覺得特別感激嗎？這種想法對你沒有好處。所以不要限制金錢來臨的方式，而是要把思想集中在財富上，不要想著匱乏，這樣你就能順利走向成功富裕。

第二課
對金錢的感覺

　　你用思想創造人生。因為你總是在思考，總是在創造，所以你想得最多的事，或是最關注的事，都會出現在你的生活中。

　　那表示你過去的想法反映在現今的生活。想想生活中所有美好的事物，現在你知道，是你將這一切帶進生活中來，你的思想動員了宇宙的能量，把所有美好的事物帶到身邊。

　　很明顯地，反之亦然。所有人們認為生活中不太好的事情——比如債務增加、未付的帳單或錢不夠付房租——都是被他們的想法吸引來的。

　　我知道這些話聽起來是什麼感覺。當然，我們都知道沒有人會故意吸引任何不想要的東西，尤其是金錢問題，但若不了解「祕密」，就很容易看到一些不想要的事在你或他人的生活中發生。它們的出現，僅僅是因為不認識思想的強大創造力。

　　重點在於，你的人生掌握在你手中。無論你現在處於什麼情況、過去發生過什麼事，你都可以開始有意識地選擇自己的想法，也可以改變你的人生。

　　對於債臺高築的人而言，這或許是他們長久以來聽到的最好的消息——有意識地選擇關於金錢的正面想法，就能克服任何財務困境。記住，唯有持續透過想法召喚，事物才會進入你的人生經歷之中。

　　然而，科學研究表明，人一天會冒出六萬個想法。一天有這麼多想法，你怎麼知道什麼時候的想法是正面的，什麼時候又是負面的呢？

　　透過你的感覺！你的感覺可以很快讓你知道你在想什麼。當你想著自己想要的和所愛的，就會感覺開心。

　　但是當然，反之亦然。回想你突然心情低落的時候——或許是突然收到一張你無法支付的高額帳單，你的胃或太陽神經叢可能

會瞬間產生一種感覺，那是種直接的訊號，讓你知道自己的想法
是負面的。

　　所以，你要去覺察自己的感覺，去了解自己的感覺，因為這是
知道自己在想什麼的最快途徑。當你知道自己的想法，就知道你
在吸引什麼。

想到錢就開心

　　如果你想到錢就覺得開心，那麼你會接收到與錢有關的正面
情境和經驗。但如果你想到錢就不開心——或許是因為你的錢不
夠——那麼你一定會接收到因為錢不夠而產生的負面情境和經
驗。你體驗到的那些負面感覺，明確指出你對錢抱持著負面想
法，也預示著你將吸引到什麼。

　　有位年輕女性因為待支付的汽車修理費而被迫要做三份沒有
前途的工作，讓她感覺沮喪和痛苦。不論她多努力工作，似乎都
無法賺到足夠的錢來清償債務。最後，她設法湊足現金，正準備
支付最後的修理費時，她的車卻發生更嚴重的故障。這讓她陷入
了更深的債務黑洞，並導致更多負面的想法和感覺。她本能地知
道，想擺脫這種惡性循環的唯一出路，是開始想著更好的念頭，
並且讓自己開心。她決定辭去兩份工作，用積蓄支付帳單，同時
努力讓自己更開心一點。

不久之後，一個在零售商場當廚師的工作機會出現了。她對這份工作了解得愈多，愈覺得這是她夢寐以求的工作，她也完全符合條件。然而，她面對的是激烈的競爭，必須經過好幾輪面試，還要在公司領導人面前做一次完整的簡報。但憑藉她新鮮又正面的觀點，以及對自己的良好感覺，她得以打敗其他求職者，獲得這份工作。她很高興地發現自己的起薪比她預期的高得多，她很快就能還清所有債務。她現在可以過上自己一直想要的生活，這都要歸功於她專心讓自己感到快樂，不論周圍環境有多糟。

你要知道的最重要的事情是，好感覺總是與好想法連結在一起，而壞感覺總是與壞想法連結在一起。你不可能感覺不好，卻又同時懷有好的想法，那會違反法則，因為你的想法會引起你的感覺。如果你對自己的財務狀態感到焦慮，那是因為你抱持著讓你焦慮的想法。

當你為錢感到焦慮，卻不努力改變自己的想法和感覺時，等同在說：「再來更多讓我感覺焦慮的財務狀況吧，放馬過來！」

同樣地，你不可能對錢感覺良好，卻同時抱持負面想法。如果你覺得開心，那是因為你正想著好事。

當你抱持美好的想法時，會散發出強大的頻率，吸引更多讓你開心的好事。要知道，當你感覺美好的時候，就是在強烈地吸引

所有美好的事物到你身邊──包括金錢。

通往富足的捷徑

　　我想讓你知道這個祕密。在你的人生中，想得到任何事物的捷徑就是**「現在就感到快樂」**！這是把錢和任何想要的東西帶進生活最快的方式。專心地把快樂和幸福的感覺發散到宇宙中，當你那麼做的時候，一定正抱持著快樂和幸福的想法，然後就會吸引能帶給你幸福快樂的一切。這不僅包含大量的金錢，還有你想要的其他所有事物。吸引力法則會將你內心深處的想法和感覺，反映為你生活中的畫面和經驗。

　　簡單來說，快樂是最快將金錢和你喜歡的事物帶進生活中的方式。

　　如果你像大多數人一樣，一直在對自己說：「等我們有更多錢，我就會很快樂。」或是：「等我有更好的房子，我就會很快樂。」或是：「等我找到工作或升職，我就會很快樂。」或是：「等孩子大學畢業，我就會很快樂。」或是：「等我可以去旅遊時，我就會很快樂。」如果是那樣，你永遠也不會擁有那些事物，因為你的想法違反了吸引力法則。

　　你得先快樂，才能接收到讓你快樂的事物！這是唯一的方式，

因為無論你想在生活中接收到什麼，都必須先透過你的想法和感覺發散出去！你不能控制所有想法，但你能控制自己的感覺，能改變你對任何情況的感覺，不論周圍發生了什麼。

等你改變對某個情況的感覺時，那個情況一定會改變，以反映你新的想法和感覺。如果你的生活發生了不好的事，你可以改變你的感覺，以改變那個情況。永遠都不會太遲，因為你總是可以改變內心感受。想得到你想要的，想將任何東西變成你渴望的，不論是什麼，你要做的就是改變自己的感受！

你可能想旅行，但如果你因為不能旅行而感到失望，那麼在旅行這個主題上，你就會繼續收到無法旅行這種令人失望的情況，直到你改變感覺。吸引力法則會動員每個情境，讓你可以旅行，但你要先對旅行**感覺**開心，才能接收它。

金錢也不例外，你必須對錢**感覺**美好，才能吸引更多的錢。你對錢有什麼感覺呢？

大多數人都說自己對金錢的感覺很美好，但如果他們沒有足夠的錢，就不會對錢有什麼好感受。如果一個人擁有需要的錢，那麼他肯定會對錢有美好的感覺。所以，你可以知道自己對錢有什麼感覺，因為如果你沒有需要的一切，對錢的感覺就不好。這很重要，因為當你對錢的感覺不好時，你生活中的錢就不會改變。

事實上，那些對錢的負面感覺會阻止錢流向你！更糟的是，那些對錢的負面感覺會吸引負面的情境，例如大筆帳單或東西故障，那些情況都會消耗你的金錢。在你用負面感覺應對高額帳單時，會對錢產生更多負面感受，因而帶來更多負面情況，讓你花掉更多的錢。

你必須停止這種循環，可以從對錢抱持良好的感覺開始。等你改變對錢的感受，你生活中的金錢數量也會隨之改變。你對錢的感覺愈好，愈能吸引更多的錢到身邊。

想到錢就開心的遊戲

你可以玩一個遊戲，讓你每次處理金錢時，都會記得要保持開心。想像一張一美元的紙鈔，想像紙鈔的正面代表很多錢，背面則代表缺錢。每次你拿到錢的時候，都故意把鈔票翻過來，讓正面對著自己，也用這個方向把紙鈔放進皮夾裡；而把錢給出去時，也要確定正面向上。這種做法是用錢來提醒自己，要記得對大量的錢感覺美好。

抓住你處理金錢的每一刻，藉由感覺美好讓金錢倍僧。花錢買什麼都覺得開心！付錢的時候感覺開心！把錢交出去時要感覺很好，而非怨恨現在錢變少了。對金錢為你生活帶來的一切感覺美好，喜歡食品雜貨，喜歡你穿的衣服，喜歡汽油，喜歡你開的

車，喜歡你住的房子，喜歡電力、電話和自來水。

永遠記住，你是用金錢換來有價值的物品和服務，這都是值得開心的事。

當你對購買的東西感覺美好時，會讓你覺得付錢的感覺也很美好，而不會因為錢變少了而感覺不好。

對帳單感覺美好的方法

如果你沒有太多錢，那麼收到帳單大概不會讓你感到多開心。但你對大筆帳單表現出負面反應的那一刻，那些不好的感覺會讓你繼續吸引更多帳單。最重要的是，當你繳帳單費用時，要找到一個方法——不論是什麼——讓自己開心起來。絕對不要在你感覺不好時繳費，因為這會帶來更大的帳單。你必須找到合適的方法，讓自己專心想著富足，不論你手邊有多少帳單。你必須找到方法開心，才能帶來更多美好的事物。

要改變你的感覺，必須使用想像力，將帳單轉變成讓你開心的東西。你可以想像那些不是真的帳單，而是你出於善心，要捐錢給某家公司或某個人，因為他們提供出色的服務。

我設計了一個遊戲，幫助我轉移收到一堆帳單的感覺。首先，

假裝這些帳單其實是支票。當我打開時，我會開心地跳起來說：「又有更多錢了！謝謝你，謝謝。」拿起每一份帳單，我都想像成一張支票，然後在心裡為每份帳單的數字加個零，把錢變得更多，再拿起記事本，在頁面頂端寫下「我已收到」，然後把所有帳單金額寫下來，每一筆的後面都多加一個零，還有一句「謝謝」，並且對收到這筆錢抱持感激之情——感激到熱淚盈眶。然後，我會拿起每一份帳單——相較於我想像自己收到的，帳單上的實際金額很小——在心裡帶著感恩支付這些帳單，直到我真的收到足夠的錢來支付所有帳單。

除非我讓自己覺得這些都是支票，否則我不會打開帳單。如果我在說服自己之前打開，我的胃就會在拆信時開始翻騰。我知道胃裡翻騰的情緒正有力地帶來更多帳單，知道自己必須抹除那種感覺、那種恐懼，並且用快樂的情緒取代，這樣才能為生活帶來更多的錢。面對一堆帳單，這個遊戲對我發揮了作用，改變了我的人生。

我自然希望自己能早點知道這件事，所以聽到年輕人用這個「祕密」來克服們自己的財務問題，總是讓我很高興。

有名剛畢業的大學生因為每月要償還學貸，已成為他的焦慮來源。即使在最好的情況下，每個月湊足「494 美元」這個數字也很困難，更何況他原有的工作沒了，他不知道該怎麼支付這筆款

項。此時,他決定運用吸引力法則,希望能終結每個月擔憂金錢的循環。他不再將重心放在從哪裡找到錢,而是努力將能量從負面轉為正面,只要出現和這筆款項有關的想法,都想像成一個友善的笑臉,遞給他正好「494 美元」。

不久之後,他找到一份工作,在酒吧做假日保鏢。這份工作的報酬不高,而且工作很辛苦,還要長時間管理喧鬧的假日人群。但他沒有更好的選擇,於是接受了這份工作。週末到來時,他驚訝地發現自己有多麼開心。事實上,這對他來說根本不像工作,因為他認識很多新朋友,而且玩得很高興。

那個週末結束,酒吧打烊後,工作人員聚在一起享受安靜的小酌時光。那時酒吧經理到他身邊,微笑地遞給他一個信封,裡面裝著他週末的小費;更好的是,他還邀請他在夏天剩下的時間都來工作。這名大學畢業生高興地接受了。後來,他數了數自己的小費,驚訝地發現數字正是「494 美元」,剛好是他需要的金額,而且這筆錢還以跟他想像中完全相同的方式送達——一張開心的笑臉把錢遞給他。這全是因為他將對金錢的擔憂轉變成感覺美好。

恐懼與吸引力法則

如果你對錢抱持擔憂、甚至恐懼的感覺,那你當然無法接收到

更多的錢。吸引力法則說同類相吸，所以如果你對自己的財務狀態感覺恐懼，那一定會接收到更多讓你對金錢感到恐懼的情況。

恐懼是最削弱人心的情緒之一，但事實上，我們每個人都可以過著沒有恐懼的生活。完全自由和快樂的關鍵在於放下恐懼。當你理解恐懼會讓你處於吸引更多恐懼事件和情況的頻率中，你就會明白改變自己是多麼重要。人們害怕失去工作，怕無法支付帳單，怕喪失抵押贖回權，這種例子不勝枚舉，但對那些事物的恐懼，其實會將其召喚到我們身邊。吸引力法則是客觀、中立的，無論我們將感覺聚焦在什麼事物上，都會使其來到我們身邊。

有個完美的例子可以說明恐懼與吸引力法則的關係：你可能知道有些人獲得了大量的財富，然而又失去了一切，卻又在很短的時間內再次獲得大量財富。在這些案例中，無論他們知不知道，他們的主要思想都專注於財富，且最初就是這樣獲得財富的。然後，他們允許失去財富的恐懼想法進入心中，直到害怕失去的想法成為他們的主要思想，內在的天平便從「想著富有」傾斜至「想著失去」，所以他們失去了一切。然而，當他們失去一切後，天平又回到專注於想著富有，然後財富便回來了。

不論你想著什麼，吸引力法則都會回應你的想法。當恐懼的想法出現時，立即踩滅、送走，並用讓你開心的事物取代。

　　根據「祕密」，你可以擁有、成為或去做任何你想要的事物，沒有限制。但有一個條件：你必須感覺美好。仔細想想，這不就是你想要的嗎？吸引力法則的確是完善無缺的。

第三課
富裕心態

　　現在你知道了「祕密」，當你看到有錢人，你就會知道他們的主要思想是富裕，而非匱乏，他們透過吸引力法則吸引了財富——無論是有意識還是無意識。他們專注地想著財富，然後宇宙就會動員人、境況及事件，將財富送給他們。他們擁有的財富，你也可以擁有，你們之間唯一的差別，在於他們抱持著為他們帶來財富的想法。你的財富在無形世界中等著你，想要讓錢現形，就想想財富吧！

　　然而，透過吸引力法則吸引財富，不一定代表你就能持有這些財富，因為要留住財富，你的想法必須保持一致。你是只在需要

錢的時候想著錢，或是徹底改變你與錢的關係，以至於改變了你
的生活方式？

這是什麼意思？

好，想像一下你現在很富有，想像你現在擁有所需的全部財
富，你過生活的方式會有什麼不同？想想你會做的所有事。你會
有什麼感覺？你會感覺不同，而因為你感覺不同，你走路的方式
會不同，說話的方式會不同，身體姿勢會不同，移動的方式會不
同，處理每件事的方式會不同，對帳單的反應會不同，對生活中
所有人事物的反應都會不同。因為你**感覺**不一樣了！你會感覺放
鬆、感覺平靜、感覺快樂，對待每件事都會不慌不忙，你會享受
每一天，不再擔心明天。

你走路、說話、感覺、生活的方式之所以改變，是因為你從根
本上變得不同了。

一個在經濟上苦苦掙扎的人，和一個擁有美好富裕生活的人，
兩者之間的區別可歸結為一點──他們的心態。

富裕心態與貧窮心態

快樂又成功的人更常想著可能發生的好事，更常想著擁有幸

福、擁有錢，想著創造富足且有意義的生活，而非反其道而行。他們懷有**富裕**心態。

為錢所困的人則在無意中將想像力用在不想要的事物上，且對自己想像的事物抱持負面情緒。他們經常被匱乏和苦苦掙扎的想法和恐懼淹沒，他們懷有**貧窮**心態。

心態是一件如此簡單的事情，卻會在人們的生活中造成巨大的差異。

這也解釋了為什麼金字塔頂端的少數人擁有世上絕大多數的財富，這些人不只把錢吸引到自己身上，也讓錢留在身邊。如果你把世界上所有的錢平均分配給每個人，在很短的時間裡，所有的錢還是會回到少數人手中。這是因為吸引力法則會回應富裕心態，所以少數擁有富裕心態的人會把錢吸引回到身邊。吸引力法則移動了世上所有金錢財富，推向擁有富裕心態的人。

人們中樂透時，你可以看見吸引力法則和心態一起發揮作用。這些中獎者全心全意地想像和感受自己會中樂透，他們談論的是「我**何時**中獎了」，而不是「**如果**我會中獎」，以及「**當**我中獎時」有什麼計畫，想像著要做什麼事。他們相信自己會中，也真的中了！但對樂透中獎者的統計數字證明了富裕心態和貧窮心態的差距：中獎後幾年內，大多數人的錢都花光了，而且比中樂透

前負債更多。

之所以發生這種情況，是因為他們利用吸引力法則中了樂透，但接收到錢時，卻沒有改變對金錢的心態，結果失去所有。錢沒有留在他們身邊！

當你有貧窮心態時，你就會排斥金錢，錢就永遠不會留在你身邊，即使你有意外之財，也很快就會發現錢從你的指縫溜走：更大筆的帳單來了、東西故障了，各種不可預見的情況發生了，這一切都榨乾了你的錢，從你手中奪走錢。

為什麼這麼多人都有貧窮心態呢？不是因為他們從未有錢，世界上許多非常富有的人最初也是一無所有。這麼多人擁有貧窮心態的原因是，他們對金錢抱有負面信念，那些信念從他們小時候就進入潛意識，像是「我們買不起那個」「錢是邪惡的」「有錢人一定不老實」「想要錢是錯誤的，這樣不高尚」「有很多錢代表要很努力工作」。

年紀小的時候，你幾乎全盤接受父母、老師或社會告訴你的一切，所以如果你像大多數人一樣，就會在不知不覺中養成對金錢的負面心態。諷刺的是，在有人告訴你想要錢是錯誤的同時，也有人告訴你要賺錢謀生，即使這意味著你得做自己不喜歡的工作。或許甚至有人告訴你，你只能做某些工作來謀生，你的選擇

是有限的。

這些都不是真的，而告訴你這些事情的人是無辜的，因為他們在傳遞自己相信並感覺是真實的事，但就因為他們相信，於是吸引力法則在他們的人生中讓這些事成為現實。

對一個來自工薪階級家庭的年輕人來說，夢想成為創意作家，是非常不尋常的生活經驗。儘管在學校表現出色，他從小就相信最好的機會是留給富人和人脈廣的人，所以他離開學校去工廠工作，在生產線上待了九年。他討厭那份工作，他的同事經常生氣、不開心。同時，他應徵了許多需要創意人才的工作，但總是被告知他缺乏資格或經驗。他考慮繼續深造，但因為被如此多對金錢的負面情緒圍繞，他說服自己，他永遠無法負擔學費。當然，這成了自我實現的預言——吸引他的課程都太貴了。

直到他發現了「祕密」，他才開始培養更正面的看法和信念，說服自己每天都要從工作中獲得滿足感，感謝他的工作和同事。然後每天晚上睡覺前，他都想像接到新雇主的電話，給他夢寐以求的工作，於是流著喜悅的淚水入睡。

不久之後，一位朋友提醒他，一家地方電臺在徵求廣告文案人才，他馬上應徵，對方請他提出廣告活動的腳本。執行這項任務時，他想像自己是真的在做這份工作，而且感覺非常好。突

然間，他成為創意作家的願望從一個白日夢變成了他真正相信的事。他在沒有任何人詢問他資格或經歷的情況下，順利通過面試，他們對他的天分和正向的自我信念印象深刻，所以學歷似乎就不重要了。他透過電話獲得了這份工作，和想像中的情景一樣。他只是改變對自己能力的心態，就從一個沒有前途的工廠作業員，變成了電臺的創意作家。

如果你的生活中缺少金錢，或者事業中缺少機會，那是因為你更常想著負面念頭，而非正面的想法，這在本質上是種貧窮心態。

我來自工薪階級家庭，即使我父母並不需要很多錢，但仍難以維持生計。所以我從小就和大多數人一樣，對金錢抱持同樣的負面信念，我是帶著貧窮心態長大的。我知道自己必須改變對金錢的心態，才能改變我的處境；我知道必須完全改變自己，如此金錢不僅會來找我，而且會留在身邊！

和其他人一樣，我最難處理的就是自己的心態。不過一旦真正意識到我正在阻礙自己的成功，讓自己變得悲慘，我便開始採取正面心態——無論是對金錢或生活中其他事物。而且我一次只想著一個正面念頭。

你看，你的心態是自己創造的，是你的**信念**形成了心態，而所

有信念都只是帶有強烈感受的重複想法。因此,改變心態的第一步是對自己的想法負責。一旦接受是你的思想吸引了財富,或讓你貧窮,你就會開始改變想法。等你那麼做的時候,你會選擇開始用樂觀的眼光看待人生。

選擇樂觀

事實上,每個擁有富裕心態的人在金錢方面都是樂觀主義者。你可以自由**選擇**樂觀或悲觀——關於錢或生活中的一切。你可以選擇像穿脫衣服般,擺脫負面的舊心態,透過改變對金錢的想法,每天穿上全新的心態。就這麼簡單。

現在,有些人可能會爭辯說,處在極度負面的情況中,選擇樂觀或悲觀並不是那麼簡單,例如失業、無家可歸、破產或其他不幸事件。

然而,從一位苦苦掙扎的商人的經歷,我們可以看見沒有所謂絕望的情況——你生活中的每個境況都可以改變。

這個商人接管了家族企業,但在缺乏經驗和支持的情況下,公司經營不善,被迫關門。在瀕臨破產的邊緣,他背負了十萬美元的個人債務,兼做三份工作以維持生計,筋疲力盡,壓力重重,新的婚姻岌岌可危,不知道一切是如何變得這麼糟糕的。他絕望

地決定了結自己的生命，但在最後一刻，他改變了主意。那天他母親介紹他《祕密》影片，他看了之後流下眼淚。他意識到，所有負面情況都來自負面思想，他突然想到，如果他能創造出這麼多不幸，那麼他也可以創造財富。他整個人生觀都改變了。

不久之後，他成為房地產業務，並為自己設定一年內賺十萬美元的目標——和他的債務一樣多。他很輕鬆地達成目標，自此過著富足的生活。由於新發現的自信和正面心態，他每年收入都超過一百萬美元。

由於地球上的二元性，總會有正面和負面的經驗，但如果你不管外在環境如何，一直尋找好事，保持正面態度，那麼你將取得勝利。

另一方面，如果你任由外在環境形塑你的態度，你的麻煩就大了，因為你會要求身邊的每個境況都必須完美，你才能有正面心態，但你不能控制每個情境；另外也需要很多人一起表現得完美無缺，但你除了自己，不能控制任何人。仔細想想，實際上你需要數十億人來塑造你想要的事物樣貌，才能擁有正面的態度。你不能依靠外在環境來決定你將擁有什麼態度，如果這麼做，你永遠會找到某個情境或某個人，作為你擁有負面態度的藉口。為了成為你最強大的工具，你的態度必須由你的**內在**支配。

　　要建立正面態度，你現在的財務狀況並不重要，你的生意、你的國家或是這世界的經濟情況也不重要。事實上，大蕭條時代裡也有人因為維持富裕心態，而過著富裕的生活，他們一直保持正面和樂觀，無視周圍的環境和極端悲觀的氣氛。

　　正面樂觀的態度並不意味著你沒有偶爾沮喪的日子。總**會有**情緒低落的日子，但偶爾沮喪也沒關係，重要的是你的人生有多少因為正面樂觀的態度而樂在其中的寶貴日子。

　　我確定你一定認識某個人總是精神抖擻，對生活抱持開朗和光明的態度，和他們在一起時，你總是覺得美妙且充滿活力。那就是樂觀態度對你的影響。

　　另一方面，悲觀的生活態度代表悲慘的生活。在你人生中的某個時刻，你一定遇過對一切都感到悲觀的人，和他們在一起時，他們會吸走你的能量和喜悅。這正是悲觀的看法或態度對你的影響。

　　悲觀者永遠不會快樂。他們不可能快樂，因為即使擁有想要的一切，杯子在他們看來仍然是半空的！這就是為什麼悲觀主義者永遠不會擁有自己想要的東西，而這也是你為什麼必須盡可能保持樂觀，而非悲觀的原因。

那麼，要如何從悲觀主義者轉變成樂觀主義者？要如何無視周圍的情況，將貧窮心態轉變成富裕心態？

你可以採取樂觀者的幾項正向特徵，來幫助形成你的富裕心態，並過上夢想中的生活。

別討論壞消息

首先要做的是別討論任何金錢上的困難、失敗的交易或下降的企業利潤。不要討論新聞中的壞事，或是讓你心煩或沮喪的人或事。別討論你度過的糟糕的一天、約會遲到、塞車或錯過公車。每天都會發生很多小事，如果你一直談論發生了什麼壞事，那麼每件不好的小事都會給你的生活帶來更多的掙扎和困難。

相反地，你必須討論當天的好消息。聊聊進展順利的約會，談談你如何喜歡準時，談談健康的感覺有多好，談談你希望生意能賺進多少利潤，談談你在順利的一天中有什麼情況和互動。你必須談論好事，才能帶來美好的事物。

如果有人可以為你提供夢想中的生活，條件是你要找到許多好事來談論，你會馬上做到——這就是你獲得夢想生活的方式！

別抱怨

另一個樂觀主義者都擁有、且你應該學習的正向特質是,當事情不順利時,不要抱怨或氣餒。

問問自己,你是否認為抱怨可以讓一個人的生活變得成功又幸福?你認為容易因壞消息而氣餒或沮喪,可以實現一個人的夢想,並讓他財務自由嗎?

抱怨和沮喪是我們的生活不如期望時所做的藉口。因為看到周圍人抱怨和氣餒,我們會產生錯誤的印象,認為這沒關係,不會傷害我們,但那些負面情緒會讓你的心情低落,失去力量,直至感到絕望。那些情緒都無法給你想要且應得的幸福和成功,也不會讓你過上夢想中的生活。

對一名就讀昂貴私立大學的學生來說,削減經濟援助的公告很容易就讓她陷入了負面情緒。她知道自己只能得到五千美元,如此一來,隔年的學費還短少了三萬五千美元。許多同學的補助也少了,還憤怒地在社交媒體上說他們的教育已經結束。但與其加入抱怨和指責的行列,這個年輕女性選擇保持正向。她感謝所受的教育,拒絕批評這所大學,也樂觀地認為應該有方法解決她的問題。她預先祈禱並感謝上帝、宇宙和其他人幫助支付她的學費,研究可能的獎學金和助學金,並詢問金援辦公室是否審查了

她的案件。他們請她到網路上填寫一份申請表，所以她回頭仔細檢查自己的獎助金到底還短缺多少。此時她驚訝地發現，最終的獎助金額已經改變——現在已經沒有任何短少，她完全可以負擔隔年的學費。正如這名年輕女子所發現的，保持正向會得到回報。

什麼都想要，什麼都不需要

富裕心態的最後一個特質，也是你應該採取的特質，即是什麼都「**想要**」，但什麼都不「**需要**」。

想要某樣東西完全符合吸引力法則，你吸引想要的事物。需要某個東西則是誤用了這個法則。如果你覺得自己急需或迫切需要，你就無法吸引你**需要**的東西，因為那種情緒包含恐懼，那種「需要」會讓事物遠離。

當你**需要**錢時，這是你內心強大的感覺，來自於你認為自己沒有足夠的錢這個想法，而透過吸引力法則，你當然會繼續創造錢不夠用的情況。

我可以聊聊自己「**需要**」錢的經歷。就在我發現「祕密」之前，會計師告訴我，公司當年有重大虧損，三個月內就可能倒閉。經過十年的努力，我的公司即將從指尖溜走。我**需要**更多錢

才能拯救公司，事情卻變得更糟，似乎沒有出路了。

　　後來我發現了「祕密」，於是我生活中的一切──包括我公司的狀態──完全改變了，因為我改變了自己的思想。當會計師繼續對數字大驚小怪，還專注在這件事情上時，我一直想著富足、想著一切都好。我**知道**宇宙會提供我生命中的一切，也的確如此，宇宙以我無法想像的方式供給。我曾有過懷疑，但懷疑出現時，我會馬上開始想著自己想要的結果。

　　如果你的頻率中有「需要錢」，你就會一直吸引「需要錢」的狀況。不論外在環境如何，你必須找到方法專注於富足，因為當你不再覺得**需要**錢時，錢自然就會來了。

第四課

金錢的創造過程

　　根據吸引力法則，你現在所想的正在創造你未來的生活。既然你吸引的是你最常想的，所以很容易看出你對金錢的主要思想是什麼，因為那就是你所經歷的事。也就是說，你錢包裡的東西、你的銀行存款、你的財務狀態，都來自你的所思所想。但那是過去的事了。

　　現在你正在學習「祕密」，有了這套知識，你可以透過改變思維方式，大大改變你生活中的財務情況。你是創造者，而且有個簡單的方法讓你可以創造自己的財富，透過吸引力法則吸引你想要的任何東西。

這個創造過程有三個簡單步驟——要求、相信和接收。

步驟一：要求

你可以選擇你想要的，但你必須弄清楚。說到金錢，你必須清楚自己要多少錢，如果你不清楚，那麼吸引力法則就無法帶來你想要的；你送出的會是混亂的頻率，於是只能吸引到混亂的結果。或許這是你人生中第一次釐清自己真正想要的是什麼。現在你知道自己可以擁有、成為或做到任何事，而且沒有限制，問問自己：「我想要多少錢？我到底想要什麼樣的生活？」

這很有趣，就像是把宇宙當作你個人的提款機。你可能會想：「我想住在某個城市，我想開那輛車，我想去某個熱帶度假村放長假，我想要銀行戶頭裡有這麼多錢。」

為了幫助你釐清自己真正想要什麼，坐下來拿出手機、電腦或紙筆，列出生活中每個領域你想要的一切，想清楚你想成為、想做、想擁有的事物的每個細節。

如果你要錢教育孩子，仔細思考他們的教育細節，包括你想要孩子上什麼學校，以及學費、書籍、食物、衣服和交通的花費，如此你便知道自己需要多少錢。

如果你想旅行，那麼寫下你想去旅行的國家的細節、你想去旅行多久、你想看到什麼和想做什麼、想住在哪裡、需要多少零用錢。

無論你想要什麼，計算所有開支，這樣你就可以從宇宙銀行中提款。就是這麼簡單。

請記住，財富有很多種形式，金錢只是其中一種。所以，除了請求金錢以外，你還可以要求自己想做的、想擁有的或想成為的。不要把錢當作唯一滿足願望的方式，而限制了自己的人生。如果你想要一個新家，就要求吧；如果你想要美麗的衣裳、電器或全新的汽車，就要求吧！除了金錢之外，這一切也都可以透過無數種方式來到你身邊。

事實上，我知道有人用這個創造過程吸引到海外度假、豪華遊輪之旅、新車、大學學費等，而且不花一分錢。這一切都歸結於專注於你想要的東西，並允許宇宙用無窮的方法為你實現。當你清楚知道自己到底想要什麼時，就完成了「創造過程」的第一步：你已經提出了要求。

步驟二：相信

你必須相信你已經收到了。你必須知道那筆錢，或是你想要的

任何東西，在你提出要求的那一刻就已經是你的了。你必須全然相信。就好像你去銀行取款，你會很放鬆，知道自己會收到所要求的金額，然後繼續過你的生活。

在你提出要求、相信並知道自己已經擁有尚不可見的金錢的那一刻，整個宇宙都在努力讓錢出現，而你的行為、話語和想法都必須像是正在接收錢一樣。為什麼？宇宙是一面鏡子，吸引力法則會反映你的主要思想，所以必須認為自己正在接收錢，不是很合理嗎？如果你的想法裡還存著自己尚未擁有錢的念頭，你就會繼續吸引這種情況。你必須相信自己已經擁有，必須相信你已經得到，必須散發出「已經接收到了」這種感覺頻率，才能讓這些畫面成真。

例如，若你中樂透贏了錢，在你實際收到錢之前，你就知道錢是你的了。當你拿著中獎的彩券，就會有認為已經擁有那筆錢的信任感，那就是相信你「已經擁有」的感覺，那就是相信你「已經接收到了」的感覺。透過感覺並相信那已經是你的了，來索取你想要的，當你這麼做的時候，吸引力法則將有力地動員所有境況、人物和事件，讓你接收到你想要的一切。

當然，你想吸引多少錢都可以，不過一定要遵循吸引力法則──你必須相信，而且必須排除疑慮。要明白，當你讓一個懷疑的想法進入腦海時，吸引力法則很快會讓這種想法一個接一個

出現。顯然，如果你的主要思想是懷疑，吸引力法則就無法給你想要的東西，因此你必須消除疑慮，讓腦海完全都在期待你將收到自己所要求的東西。如果你沒有收到自己所要求的，不是法則失效了，而是你的懷疑壓倒了你的信念，因為吸引力法則一**直**在回應你的主要思想，而不只是在你提出要求的那一刻。因此在你提出要求後，你必須持續相信和知道。要有信心。相信自己已擁有所要求事物的信心，那種永恆的信念，就是你最大的力量。當你相信自己已經得到了，做好準備，魔法就要開始了！

步驟三：接收

為了得到，你現在只需要感覺開心。去感受當錢進帳時，自己會有什麼感覺。收到錢是一種好心情，心情好的時候，就是在接收的頻率上，這絕非巧合；你正在所有美好事物都會流向你的頻率上，你會得到你所要求的一切。得到錢或某個東西一定會讓你開心，否則你不會請求，對嗎？所以現在就以這種方式感受——讓自己處於開心的頻率上。你的目標只是讓自己現在盡可能地開心，並且持續這樣做。

如果你發現懷疑真的在破壞你的信念，讓你不相信自己正在接收你所要求的，那麼有個非常有效的練習可以增強你的信念。

金錢肯定句

肯定句就像正面的個人使命宣言，一遍又一遍重複時，就會形成新的信念。這種方式對金錢尤其有效，因為大多數人一生都對金錢抱持負面信念和懷疑。

例如，你是否想過自己買不起某個東西、財運不佳，或是金錢似乎總是從你指縫間溜走？

如果這樣想過，那麼你需要馬上換掉那些想法。請一遍遍對自己說：「錢留在我身邊了！」「我**現在**的財運很好！」「我想要什麼都**可以**買得起。」

當你這麼做時，你的想法和信念都會改變，你對金錢的感覺會開始變得更好。

製作《祕密》影片時，我不知道要從哪裡籌錢完成這項計畫，於是蒐集了一連串「金錢肯定句」，用以強化我的信念。後來的事就不用贅述了。

我想和你分享一些我很喜歡的金錢肯定句，我現在大多數時間都還在使用。我建議你每天都複誦這些肯定句，至少直到你開始相信自己正在接收你所要求的……

我很富有。

我是金錢磁鐵。

我每天都吸引愈來愈多的錢。

我每一秒都在變得更富有。

我喜歡錢，錢也喜歡我！

我感激自己擁有的一切。

錢是我的朋友。

金錢輕而易舉就來到我身邊。

我的收入總是大於支出。

我應該得到錢，如此才可以做我這一生想做的一切。

我吸引了成功所需要的一切。

我值得收到錢。

我的財務富足。

我很輕鬆就能吸引到錢。

我想要每個人都有好運和幸福。

我接受金錢以我從未想像過的新方式來到我身邊。

我知道金錢有無數種方式可以來到我身邊。

我很興奮看到後續有更多金錢流向我。

我用金錢來祝福我的人生和其他人的人生。

我有足夠的錢。

我今天接收到更多的錢。

我選擇富足。

我的財富每天都在增加。

我樂於付出，因為我的富足是無限的。

有很多錢正朝著我而來。

你或許也想創造和自己的財務或人生目標相關的肯定句。

一名大四生在臨近畢業時就是這麼做的。他沒什麼就業前景，不知道該選擇哪一條職業道路，或是餘生該做什麼事，他只確定自己想成為百萬富翁，而且想在四十五歲退休。所以他將那兩個目標打字、印出來，作為他個人的肯定句，並護貝放在床頭櫃上，這樣他每天早晚都能讀一次。

他的職涯沒什麼進展，但多虧了每日肯定句，他從未忘記自己的目標。最後，機會出現了，有人找他合夥成立科技新創公司，他抓住機會。公司一開始穩定成長，但後來這個行業一系列的革新讓生意急劇擴張，突然間，他們每年的收入超過一百萬美元。和財務顧問討論未來時，他突然想到自己已經接近四十五歲，而他的公司股份持有量遠遠超過他在大學時代希望自己退休時可以有的身價。他很快將股份賣給合夥人，實現了他的肯定句，現在可以自由地把所有時間和金錢都花在家人身上。

肯定句有效與否，完全取決於你說出口時相信的程度，如果沒有信心，那麼肯定句只是沒有力量的文字。信心為你的話語增添力量，重複有助於相信，但感覺對增強信念更加重要。所以仔細**感覺**肯定句帶來的感受，直到你真正相信自己所說的話。你愈快相信自己的話語和肯定句，就能愈快得到夢想中的生活。

你想要的東西將如何顯化、宇宙如何將錢帶到你身邊，這些都不重要，讓宇宙為你做這件事。如果你想弄清楚發生的過程，就會散發出缺乏信心的頻率，也就是你不相信自己已經擁有錢了。你認為自己必須做點什麼，不相信宇宙會為你做到。得到的方法在創造過程中不關你的事，你的任務只有提出要求，然後相信你已經得到，並且現在就感覺美好。至於方法的細節，就留給宇宙去處理吧。

很多人都困在這一步，想知道得到的方法，試圖自己採取行動，好強行讓事情發生，卻沒有意識到這個「**強迫**」的行動和自己的願望互相矛盾。一旦你決定採取行動，都需要確保你的行為和你的願望一致，而且都反映了你期望得到的東西。

受到啟發的行動

任何與你願望一致的行動都稱為「**受到啟發**」的行動，它和強迫的行動有下列幾點不同：

　　以強迫的方式行事時，你是在努力使願望成真，所以會感覺困難，就像一場鬥爭，好像你正試圖逆流而上。

　　另一方面，受到啟發的行動則像是你已經在接收，完全不費力，感覺很美好，因為你處在接收的頻率上。當你做出接收的行為，你會覺得自己是順流而下，毫不費力。這就是受到啟發的行動的感覺，也是順應宇宙和生命之流的感覺。

　　要採取受到啟發的行動，首先要考慮你提出的要求，然後確認你的行為反映出你期望得到的事物。你要表現得好像已經得到了一樣——如果你今天已經接收到了，你會做什麼，現在就那麼做，並在你的生活行動中都反映出這種強烈的期望。騰出空間來接收你想要的，當你這麼做時，正是在發出強烈的期望訊號。

　　這是你發揮創造力的機會，你可以根據自己想要的事物採取受到啟發的行動。如果你想要很多錢，就開好銀行帳戶，如此你才能存入並管理大量資金。如果你想要一棟新房子，那麼請整理好現在的房子，以便可以輕鬆打包。如果你想要去海外旅行，請拿出你的行李箱、更新你的護照，並開始規劃行程。想想願望實現時你會做什麼事，然後採取行動，清楚表現出你正在接受。當你的行為和你所要求的事物相符，回頭你就能看到宇宙實現你願望的奇蹟和方式。

　　一個夢想過上富裕生活的大學新鮮人，他是在創造過程中採取受啟發的行動的最佳範例。他詳細列出自己宏大的願望，包括金錢、車子、美麗的家，以及想與之分享的夢中情人。他甚至給自己開了一張一千萬美元的支票，然後每天都盯著那張支票，想像擁有那麼多錢會是什麼感覺，想像自己會怎麼花錢。為了讓感覺更加真實，他經常開車穿過富裕的社區，挑選他最喜歡的夢想家園；他的電話待機畫面一直是豪車的照片，直到他鼓起勇氣去經銷商那裡試駕那輛車；而夢中情人出現在生活中，並成為他的女朋友時，他嚮往的富足生活突然變得更加真實。就在那時，他得到靈感，要為像他那樣的大學生設計一套應用程式。他花了一點時間學習程式設計，才能打造那個應用程式。程式一上線就大獲成功，上線一年後，一家大公司提出以一千萬美元收購──這金額和他寫給自己的支票一模一樣。他用剛得到的財富買下過去經常開車經過的房子，然後又買下夢想中的汽車，也為女朋友買了一輛。他在二十一歲時，已經吸引到願望清單上的一切。

　　請注意，這個年輕人並未以強迫行動費盡心思實現他的千萬美元夢想，他只是專注於自己的夢想，讓靈感找上他。而他所做的，你也能做到，這是因為所有知識、所有發現、所有未來的發明都化為可能性，存在於宇宙心智中，等待人們的心智將其提取出來。那裡有無限的點子等待你挖掘，你要做的就是把注意力集中在最後的結果上。

　　請記住，你就像個磁鐵吸引著一切，你練習得愈多，看到吸引力法則帶給你的東西愈多，你的磁力就愈強大，因為你會加上信心和知曉的力量。在那種狀態下，你會發現一千萬美元對宇宙或對你而言，根本易如反掌。

第五課
感恩金錢

　　感恩是一座讓你從貧窮走向富裕的橋梁。即使沒有很多錢,你對自己擁有的金錢愈感激,得到的財富就愈多;而愈是抱怨缺錢,就會愈貧窮。

　　如果你認為「我的錢不夠」「我付不起帳單」「老闆不欣賞我」「我和同事相處不愉快」或是「我的公司陷入財務困境」,那麼你一定會吸引更多這樣的經驗。

　　但如果你想想自己感激的事,例如「我熱愛我的工作」「我的同事很幫忙我」「我有最好的客戶」「我得到有史以來最大筆

的退稅」或是「我感謝自己擁有的錢，因為它讓我做很多事」，並且真誠地感激，吸引力法則會吸引更多**這樣的**經驗到你的生活中。

對這個女人來說，新工作意味著更大的壓力，壓力大到有些時候她會哭著回家。後來她決定在每種情況下，都要有意識地尋找值得感激的事。每天早上下車進入大樓前，她感謝這一天能順利進行；每次走進辦公室大門，她感謝上帝和宇宙給她如此喜愛的夢想工作。幾個月後，她的壓力消失了，她真正開始享受自己的工作，但此時她得到消息，她的部門要裁撤了。通常這會讓她感到沮喪和憤怒，但她仍舊保持感恩，同時去應徵公司其他部門的職缺。她的感激之情再次得到回報，她最終獲得兩個很棒的工作，而她選擇了其中一個可以大幅加薪的。

感恩能改變你的人生

我知道有數千人在最糟糕的情況下，透過感恩而完全改變了自己的人生。我見過非常貧窮的人因為感恩而變得富有；我見過企業主扭轉了公司的失敗，還有一輩子都為錢所苦的人終於創造了財富。我知道有長期失業的人建立了成功的職業生涯，甚至認識有些人從無家可歸，很快就坐擁數百萬美元的豪宅，並且找到夢想中的工作。

　　而這一切之所以發生，都是因為這些人對金錢心存感恩，無論身處什麼樣的財務狀況。

　　無論多麼困難，你都必須忽視目前的情況，以及可能遇到的缺錢問題，而感恩或許是你做到這一點最簡單的方法。你無法在對金錢心存感激的同時，又對錢感到失望，也無法在對金錢抱持感激想法的同時，對錢產生擔心或恐懼的念頭。當你感謝金錢時，你不僅會停止將錢推開的負面思想和感覺，也會讓更多錢流向你！你對錢有美好的想法和感覺，所以根據吸引力法則，你正在將金錢吸向你。

　　如果你的生活缺少金錢，請了解，對金錢抱持擔心、嫉妒、失望、沮喪、懷疑或恐懼的感覺，絕不會為你帶來更多金錢，因為那些感覺都是源自你對自己擁有的錢缺乏感激。抱怨金錢、為金錢爭論、對錢感到挫折沮喪、批評某物的成本，或是讓別人對金錢感到不快，都不是感恩的行為。當你的行為不知感恩，生活中的錢永遠不會增加，還會減少。

　　不論你現在的狀況如何，錢不夠的想法都是對手中金錢的忘恩負義。你必須擺脫對目前情況的負面想法，對擁有的金錢心懷感激，你生活中的錢才會增加！

　　當你擁有的錢很少，卻還要對金錢心懷感激，這對任何人而言

都是挑戰，但若你明白除非抱持感恩，否則一切都不會改變，你就會有動力這麼做。

黃金法則

感恩是財富，抱怨是貧窮，這是一生的黃金法則，無論是在你的健康、工作、人際關係還是財務方面。

如果你發現自己又要抱怨和錢有關的事，無論是用言語或思想，先問問自己：「我願意為這次抱怨付出代價嗎？」因為那個抱怨會減緩，甚至停止金錢流向你的速度。

多數人**自認**對金錢心存感激，覺得他們對錢的感恩之情超過抱怨，但如果缺錢，他們一定是在不知不覺的情況下有過抱怨。而當然，最大的抱怨來自必須付錢的時候。

如果你沒有足夠的錢，支付帳單可能非常困難。我知道，我也曾經那樣過，一筆筆帳單的金額似乎比用來支付的錢還要多。但如果抱怨帳單，你其實是在抱怨金錢，而抱怨會讓你一直陷在貧困裡。

如果你沒有足夠的錢，你最不想做的就是感謝你的帳單，這是可以理解的。但這正是你**必須**做的事，才能在生活中得到更多的

錢。想過富裕的生活，你必須對和錢有關的每一件事心懷感恩，而吝嗇付帳單不是感恩。你必須做出完全相反的事，也就是**感謝**你從那些向你收費的人那裡**接受**的商品或服務。這是件簡單的事，但會對你人生中的金錢產生巨大的效應。你將真正成為金錢磁鐵！

對帳單心存感激，想想你從帳單上的服務或商品受益多少。如果是房租或貸款，就感謝你有個家，你正住在裡面。假使唯一能住在房屋裡的方法，是把所有錢都存起來，然後付現金買下來呢？假使沒有貸款機構或是沒地方可租呢？多數人可能會流落街頭，所以要感激貸款機構或房東，因為他們讓你可以住在房屋或公寓裡。

如果是瓦斯費或電費，就想想你使用的冷暖氣、熱水和因為水電瓦斯而能使用的各種電器。如果是電話費或網路費，就想像你為了和每個人說話，不得不長途跋涉，會讓你的生活變得多困難；想想你可以打電話或傳簡訊給家人朋友、收發電子郵件，或是透過網路馬上得到資訊，這都多虧你的電信服務供應商。這些了不起的服務都觸手可及，因此要心存感激，感謝那些公司相信你，願意讓你在支付費用**之前**就先享受服務。

你會發現，感激自己付出的錢，保證會讓你得到更多。感恩就像一條繫著金錢的磁性金線，當你付出金錢時，金錢總會回到

你身上，有時候金額相等，有時候十倍，有時候百倍。你收回來的有多豐盛不是取決於你付出多少，而是你有多感恩。你可能在支付五十美元的帳單時因為非常感恩，而收回上百、甚至上千美元。

除了感謝帳單外，還有很多種使用感恩力量的方式，可以將更多的錢吸引進你的人生。

感恩過去

第一種方法，是感謝自己一生中已收到的所有金錢和一切有價值的東西。

想想還沒有自己的錢的童年，想想每個有人為你付錢的情況，例如你吃的食物、你住的房子、你的教育和課本、假期、生日禮物、衣物、醫療照護、娛樂、交通，以及所有基本必需品。

這些東西都要花錢，而你都收到了，沒花一毛錢！請感謝這每個情境，因為當你真心感謝自己過去收到的金錢，你未來的錢就會增加！宇宙法則會保證這一點，所以要**真心**感謝一生中已獲得的大量金錢。你愈是真心，愈是感受，就能愈快看到當下與金錢有關的狀況發生了巨大的變化。

感恩現在

第二種利用感恩的力量吸引更多錢的方法，是感謝你現在擁有的錢，不論多少。

當你感謝自己擁有的事物，不論那有多麼渺小，你都會得到更多。如果你感謝自己擁有的錢，無論有多少，你都會收到更多錢；如果你感謝自己的工作，即使不是你的夢想工作，你在工作中都能得到更好的機會。感恩是人生的倍增器！

另一方面，如果你不知感恩，就無法獲得更多回報。如果你不感謝自己擁有的錢，就會阻止更多金錢流動；如果你不感謝自己的房子，無論它有多簡陋，你都是在剝奪自己住在更好的房屋的機會；如果你不感謝自己的工作、職業或事業，那麼你會錯過每次加薪、晉升或增加利潤的機會。

想要獲得更多，你必須感謝自己擁有的。這就是法則。

感恩未來

第三種、也是最後一種利用感恩力量將錢吸引至生活中的方法，就是感謝你想要的金錢，就好像你已經收到了一樣。

　　當你向宇宙索要某樣事物時——無論是金錢還是其他東西——你必須相信自己已經得到了，這表示你現在就需要對擁有它心懷感激。換句話說，在得到**之前**就要感恩。

　　當你像是已經得到自己想要的事物而表達感謝時，你正向宇宙發出強大的訊號，說你已經擁有它了，因為你現在正對它滿懷感激。請養成一種習慣，每天早上起床前預先對你想要的金錢——以及任何你想要的東西——表達感激，就好像已經得到了一樣。

　　一位女士利用感恩過去、現在和未來的力量，希望有一輛新車，才能更好地滿足人數漸增的家庭需求。她不抱怨可能故障的老車，而是感謝它陪他們一起度過許多時光。她在感恩日記寫下她對那輛車及她一生中擁有的汽車有多麼感激，也對車子提供給她的自由和機動性表示最深切的感謝。

　　當舊車終於壞到無法修理時，她只是想像自己開著一輛全新的七人座家用車，並預先感謝宇宙。然後她突然想到，她沒有告訴宇宙她願意為這輛車支付多少錢，靈機一動，她決定許下零元心願——她想看看感恩之力能否讓她免費獲得一輛汽車。

　　第二天，她丈夫下班回家，說他的老闆提出要為他們買一輛新車，由他們選擇。老闆完全是自發的，更奇怪的是，她丈夫根本不需要開車上班，這代表她隨時可以用車。負責選車的自然是

她，而她選了七人座全配家用車。老闆還加了汽車保險、維修、清潔和加油卡。從各種意義上來看，這真的是一輛免費的車，而這位女士因為感謝曾經擁有的每一輛車、感謝現在的車、感謝她想得到的車，而吸引了新車到來。

金錢到來的無限種方式

每當你感謝金錢或你想要的任何東西，記得金錢或財富會以無數種方式進入你的生活。如果每次財富增加時，你都能心存感恩，就能讓大量的錢源源不斷地流向你。

金錢可以透過意料之外的支票、加薪、樂透、退稅或某人意外贈送的錢財來到你身邊。此外，當其他人自發地為咖啡、午餐或晚餐買單時，當你要購買某個東西然後發現打折時，當買東西有退款優惠時，或是有人送了一件你需要的禮物時，你的錢也都會增加。這每種情況的最終結果，都是你擁有更多的錢！所以每當出現某個狀況時，請問問自己：這個狀況是否表示我有更多錢了？如果真是這樣，你必須非常感謝你透過這個狀況收到的錢！

如果你告訴朋友自己要買一樣東西，而朋友說可以借你，因為他手邊剛好有個閒置的；或是你計畫去旅行，而你聽說有優惠，也使用了那項優惠；或是你的貸款機構降低利率，或某個服務供應商為你提供更好的方案，你的錢都會因為省了錢而增加。現在

你是否了解得到金錢的方式有無限多種了呢？

　　你過去可能經歷過其中一些情況，無論你當時是否意識到，這些事會發生都是因為你吸引了它們到來。但如果感恩成為你的生活方式，你就會一直吸引這種情況！許多人稱之為好運，但這完全無關運氣，而是宇宙的法則。

　　有位女士分享了很好的例子，奇怪的是，這件事發生在她失業後不久。她一直是家裡的主要經濟支柱，每年都為姊姊的慶生活動買單，也樂在其中。但姊姊的生日快到了，而現在她沒有工作、沒有收入，負擔不起盛大的派對。她還是問姊姊想如何過這個大日子，她姊姊猶豫了，但這位女士堅持，所以她們計畫姊姊生日當晚要和家人朋友一起去高檔俱樂部慶生。大日子來臨了，這位女士感謝在場的每一個人，感謝她擁有的一切，感謝即將到來的豐盛。那晚過到一半，服務生拿著額外的酒過來，並告知所有花費都已經有人買單。顯然，一個無法出席的老朋友看到上傳到社群媒體的照片，想要透過買單來幫忙慶祝這一晚。這位女士的感恩以最令人意外的方式得到了回報。

　　任何讓你擁有更多錢，或收到原本得花錢買的某個東西的狀況，都是**你**感恩的結果。知道自己得到了，你會非常高興，而當你結合了喜悅和感恩，就會擁有一種真正的磁力，不斷吸引愈來愈多的富足。

　　所以從今天開始，向自己承諾，只要收到任何金錢——無論是工作薪水、退款或折扣——或是某人給你有價值的東西，你都要真心覺得感激。這每種情況都代表你收到了錢，都讓你有機會使用感恩的力量來透過感謝你剛收到的錢，增加你的財富！

　　對生活中的一切心存感激是非常重要的。如果你不感謝自己過去和現在得到的，就沒有力量改變你的境況；而當你感謝過去和現在得到的，就會使這些東西成倍增加。同時，感恩會帶來你想要的！對想要得到的事物心存感激，就好像你已經得到了，那麼吸引力法則必然會為你實現。

　　你能想像感恩這麼簡單的事就能讓你的錢倍增，並徹底改變你的人生嗎？

　　要心存感恩！感恩不會讓你付出任何代價，卻比世界上所有財富更有價值。

第六課

想像與金錢

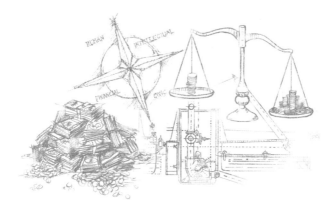

　　到目前為止，你的人生都是你想像出來的模樣。你擁有的一切，你做的每件事，你生活中的每個狀況和情境，都出於你過去的想像。

　　不幸的是，許多人花更多時間想像自己**不想要**的，用最美好的工具來對付自己。大多數人不去想像最好的，而是想像所有可能出錯的事，而當然，只要他們一直去想像和感覺那些事，事情就會發生。請想像生活中每個領域最好、最厲害的狀況，因為你能想像到的最好的事，吸引力法則都能輕而易舉做到！

觀想的強大過程

你的想像力之所以如此強大，是因為你在腦海中為想要的東西創造了畫面，產生了已經擁有它的想法和感覺。我們稱這個強大的過程為觀想。觀想是強烈地將思想集中在畫面上，這會引起同樣強烈的感覺。所以當你閉上眼睛，想像你有錢的畫面，想像你用那筆錢做你想做的所有事情時，你正在創造一個新的現實，因為你的潛意識和吸引力法則不知道這是你的想像，或者這是真的。所以，當你正在觀想的金錢或任何事物感覺是真的，你就知道這已經滲透進你的潛意識，正在形成一種新的信念。吸引力法則收到你腦海中的那些想法、畫面和新的信念，一定會在你的生活中一一顯化。

製作《祕密》影片時，我在一天內多次觀想自己想要的結果。儘管有巨大的財務缺口，以及一家一直在燒錢的公司，我還是在心裡清楚地看到結果，並感覺事情已經發生了。毫無疑問，觀想是我幫助這部影片取得巨大成功所做的最有力的事。

用所有的感官觀想

真正的觀想是用你所有的感官去想像自己想要的。如果想去義大利旅遊，就想像義大利麵的味道與橄欖油的滋味，聽聽義大利人對你說的話，觸摸羅馬競技場的石頭，感受身在義大利的感覺！

　　如果你想要一個新家，可以像這家人一樣，想像買到夢想之家的樣子。即使新家的開價超出預算，即使現在住的房子位在糟糕的社區，而且可能難以出售，他們也不氣餒。他們想像所有家具要擺在新家的哪裡，還有如何裝飾每間房間；他們想像在新的廚房煮飯，以及在飯廳聞到的氣味和美味的餐點；他們想像坐在陽臺上，對鄰居揮揮手。他們利用每個感官去感受住在新家的感覺，就好像已經搬進去一樣。幾個星期後，他們真的辦到了。舊家在刊登出售訊息兩天後就有人出價，而夢想之家的賣方也大幅降價，因為他們不想再等待其他買家。

　　就像這家人一樣，你可以想像自己已經成為、從事或擁有你想要的事物。想像與你所愛之人分享，想像他們的快樂；想像每個場景，並去感覺你已經擁有了。試著每天花幾分鐘想像和感覺你已經擁有自己想要的東西，每天都這麼做，直到你覺得已經得償所望，感受願望實現的感覺。一直這麼做，直到你知道自己渴望的事物屬於你，就像你知道你的名字屬於你一樣。有些事你一、兩天就能達到這種狀態，其他事可能需要更長的時間。你就是繼續過你的生活，盡可能地開心生活，因為你的心情愈好，就能愈快達成願望。

願景板

　　如果你希望願望快點實現，我強烈建議在你身邊放滿你想要的

東西的照片。你可以用願景板做到這一點。在創造願景板時，你可以盡情發揮想像力，放上所有想要的東西——車子、房屋、假期、昂貴的衣服——以圖片來描繪你想要的生活是什麼樣子。

如果你擅長修圖軟體，可以把自己放到圖片中——正在環遊世界、駕駛跑車、參加盛大活動、和名人混在一起。你也可以用修圖技巧，為自己做出餘額有百萬美元的銀行對帳單，或是創造新家的房契。我知道有個人做了一張公司識別證，他一直想去那家公司上班，然後將它貼在願景板上——結果生效了，願景板讓他得到了那份工作。

願景板能持續在視覺上提醒你，所以很有用。每次看著願景板，就是在將你想要的事物的畫面刻進你心裡。專心看著願景板時，會刺激你的感官，喚醒你內心的正面感覺。

因此，請確保你將願景板放在每天都能看到的地方，感受已經擁有那些東西的感覺。當你收到並為此充滿感激時，就可以把照片移除，換上新的照片。

假裝已經擁有

你還可以做一件很有效的事，就是利用想像力增強**信念**，以快速吸引金錢。為了吸引金錢，你必須相信自己已經擁有了，但很

多深陷債務、難以支付帳單的人無法相信自己有錢，這也是可以理解的。

　　為了讓你相信自己已經擁有想要的錢，請利用想像力，開始假裝！像個孩子一樣假裝，當你這麼做時，你會開始相信自己已經收到了，然後你**就會**收到。這麼做之所以有效，是因為吸引力法則不知道這是你假裝的，或是真的，它只是回應你的想法和感受。在假裝富有時，你馬上會對金錢有美好的感覺，而當你對金錢的感覺變好，錢就會開始流入你的生活。

　　想開始這場假裝遊戲，你可以下載「金錢祕密應用程式」（The Secret to Money App），透過遊戲想像擁有財富後的生活。祕密團隊開發這個應用程式，是為了將缺錢的信念轉變為金錢富足的信念。例如，在其中一個遊戲中，你每天會收到大面額的支票，你的挑戰是運用想像力去花這筆錢，好讓錢不斷流向你。如果你全心投入我為這個程式開發的遊戲和練習，我相信會改變你對金錢的想法，並大幅改善你的財務狀態。

　　如果應用程式對你沒有吸引力，那你可以免費從 www.thesecret. tv 下載一張宇宙銀行的空白支票。祕密團隊創造這張支票，是為了增強你的信念，讓你相信你現在正收到更多的錢。宇宙銀行有無限的資金讓你提取，你可以在這張支票填上你的名字及你想要的任何金額。請將支票放在顯眼的地方，每天看著它，好讓你真

的相信自己**此刻**就擁有那筆錢。感受擁有那筆錢的感覺，想像自己正在花那筆錢，你會買的所有東西、會做的所有事。去感覺那是多麼美好！你知道那是你的，因為在你要求的當下，就已經是你的了。我們聽說過數百個故事，人們利用祕密支票得到大筆資金；我們見過陷入困境的家庭透過祕密支票償還了數萬美元的債務，見過失業者得到與他們在祕密支票上所寫金額相等的高薪工作，也見過人們因為祕密支票得到海外假期、房屋和新車，還有企業家在填寫祕密支票後，吸引了數百萬美元的商業機會。這是真正有效又好玩的遊戲！

你也可以想像並創造自己的遊戲，假裝自己已經擁有想要的東西。例如，開著舊車時，你可以想像自己其實正開著想要的新車。

一名男子將保時捷標誌貼在他的日產轎車方向盤上，每天早上通勤時，就想像自己正握著夢想跑車的方向盤。很快地，當地二手車商來了輛他最喜歡的保時捷車款，還是他最喜歡的顏色，而且里程數不多。他試駕後就愛上了，於是出了價，但業務不同意。這位男士決定考慮幾天，但在他拖延時，車就賣掉了。他又回頭開著那輛方向盤貼有保時捷標誌的日產車，想像那是他的夢想跑車，是他喜歡的顏色，里程數低，而且價格實惠。令人驚訝的是，這輛車重新出現在另一家車行，正是他試駕的那一輛。原來是先前的買家後悔了，決定賠售，這位男士正好可以用負擔得

起的價格買下這輛夢想中的跑車。這都多虧了他虛構的日產保時捷。

當你假裝已經擁有想要的事物時,也要留意你的感覺。小孩子在假裝時,想像力會強大到自動投入情感。看看孩子們的扮家家酒,假裝是他們的第二天性,而他們可以成為你的靈感來源。請記住,吸引力法則並不知道某件事是真實的,或是想像出來的!

無論你選擇如何假裝——透過遊戲、應用程式或其他方法——重要的是全心投入你的想像之中,想像你的生活是你想要的模樣,想像你想要的每件事物。每天都發揮想像力,想像如果你的工作突然起飛會是什麼樣子;想像如果擁有自己可以隨心所欲運用的金錢,生活會是什麼樣子;想像如果可以想做什麼就做什麼,會是什麼感覺。如果你想旅遊,那就想像並感覺自己正在旅遊,而不是每天想著自己沒有錢旅遊,因為那很可能是你迄今為止一直在做的事。

你可以用想像力做到很多簡單的事,這些事具有非常強大的力量,讓你相信自己正在接收你所要求的富足。

第七課

職涯與事業

你應該擁有美好的人生！這包括你人生的每個面向，從人際關係、健康到財務狀況，以及你的工作。你的工作是為了讓你感到充實和興奮，而你的職業生涯是為了讓你完成所有你想成就的事。

如果你從事的是全職工作，每年可能要花兩百五十天在工作上，這超過一年的三分之二。所以，如果你做的事無法燃起心中的熱情，讓自己充滿激情和興奮，就是在大量浪費寶貴的生命。

我們之中有太多人將「興奮和熱情」跟工作分開，不喜歡自己

每天在做的事。但人生不必如此。有些人在工作中實現了夢想，這說明了你也有可能做到。

你夢想中的工作是什麼？

你能想像有份工作讓你喜歡到不覺得是在工作嗎？

或者喜歡到無論有沒有薪水你都會做？

世界上最美好的感覺，就是找到夢想中的工作，並且享受這份工作。為了純粹的喜悅而工作，週一醒來時感覺非常興奮，熱愛自己所做的事，以至於覺得放長假很無聊——這就是享受工作！

無論從事的是什麼，你都應該熱愛你的工作，想到上班就很興奮，而不該只是將就。如果你對目前的工作沒有這種感覺，或者這不是你夢想中的工作，那麼獲得夢想工作的方法，就是透過吸引力法則。

如果你想吸引夢想中的工作，就要記住吸引力法則的運作方式。你知道，想要吸引某件事物，必須先提出要求，相信它是你的，然後去感受你預期自己得到那件事物時會有的感覺。這適用於你的職業生涯或其他任何事物。所以如果有人試圖告訴你，你沒有資格擁有夢想中的工作，別聽他的。正如先前所說的，無論

你是誰、出身何處，你都可以擁有、從事或成為你選擇的一切。

　　一名巡警有個夢想，他想升為巡佐，並成為主管。只要有職缺，他都會申請，但總是輸給其他經驗和資歷較少的應徵者。他的筆試成績很好，但面試總會失敗。他確信這是因為面試官中有人不喜歡他。每次面試時，他都預期自己會輸給能力較弱的人，而每次的結果都證明他是對的。

　　後來他的妻子向他介紹了吸引力法則，他終於了解自己哪裡做錯了。再次有職缺釋出時，他又申請了，但這次他相信自己會被選上。他想像自己是主管，甚至開始私下稱自己為「巡佐」；他對工作和每個同事表達感激之情，並且去見了其他應徵者，希望他們一切都好，鼓勵他們，讓他們每個人都知道自己值得晉升。當他走進面試室時，他很高興地發現那個顯然不喜歡他的人不在，於是他比以前更加放鬆，而他的自信、謙遜和領導潛能，也給面試官留下了深刻印象。

　　面試結束後，他笑著離開，回家後便放輕鬆，釋放所有懷疑和負面情緒。那天稍晚，他接到警長的電話，晉升他為巡佐，這正是他一直想要的。

顯化你夢想中的工作

如果想獲得夢寐以求的工作，就想想你希望這份工作是什麼樣子。想想對你來說重要的事，例如你想做哪一類的工作、你希望在工作時感覺如何、公司是哪種類型的、你想和什麼樣的人一起工作、工作時間多長、工作的地點、希望得到的薪水等等。徹底思考並寫下所有細節，以釐清你對這份工作的期望是什麼。

試著用你所有的感官想像這份工作的每個面向，直到你真正感覺自己活在其中。

藉由練習，你會發現自己很容易想像擁有夢想工作是什麼樣子，看到自己抵達工作地點、走進大門；想像自己坐在辦公桌前或工作空間裡，打開電腦，開始工作；想像看著自己的薪水單，看到上面是你要求的某個數字。當你想像自己擁有那份夢想工作時，你會覺得彷彿已經擁有了，那就是開始顯化的訊號！

如同你想帶進人生中的其他事物一樣，你**如何**得到這份工作或職業機會，不是你該關心的事，宇宙會動員所有人、境況和事件，以一種你無法安排的方式顯化你的願望。所以，別管你如何接收到自己要求的事物，只要感受你已經擁有了就好。

為了加快顯化速度，你或許想要表現得彷彿自己已經得到夢

寐以求的工作。請發揮創意，用你的想像力可以做到很多事。例如，你可以為自己設計一個新的信件簽名檔，或是一張名片，上面有你夢想中的工作的細節，包括公司名稱、職位及辦公室地址。

我知道有些人會寫錄取通知給自己，上面有夢想工作的細節，包括職位、工作內容和薪水。他們還特地寫了幾封祝賀郵件，恭喜自己得到如此出色的工作。而經過幾輪面試後，他們真的獲得了工作，唯一不準確的細節就是薪水——結果比想像中更多！

你還可以規劃自己的通勤時間，然後設定鬧鐘，依新工作來調整你的日程安排，就好像你已經得到那份工作了。

有個剛畢業的大學生在無數次應徵失敗後，就是這麼做的。她終於意識到自己沒有像已經得到工作那樣思考或行動，相反地，她的所思所為都表明了她還在找工作，因此根據吸引力法則，她就會一直在找工作。就在那時，她決定像已經被雇用了那樣生活。

她開始早早起床，不再賴床，並為自己設定上班時間表，嚴格遵守；每天都規劃上班時的穿著，並開立等待薪資入帳的存款帳戶；提升打字技巧和電腦能力，為工作做好準備；開始在朋友下班時和他們出去玩，開心地聽他們聊工作的事。另外，她也開始

寫日記，寫下她想像中的工作，寫下自己有多感激同事和老闆，以及她有多喜歡為公司工作。她很快就真正相信並覺得自己是一名上班族。

開始假裝自己有工作後，幾週內，一個朋友向她推薦了非常適合她的職缺。她去應徵了，這是她第一次相信自己會得到這份工作，而她是對的。最驚人的是，回頭去看日記時，她發現自己一直在描述完全相同的工作和職場——她真的把自己夢想中的工作想像出來了。

如果你正在找工作，請以這位女士為榜樣，去做你從事夢想中的工作時會做的每一件事。

感謝現在的工作

即使你還不知道自己夢想中的工作是什麼，現在還是可以做一些事，以加速顯化你的夢想工作：對現在做的事全力以赴。就算你知道自己最終想要一份與現在不同的工作，還是要對現有的工作投注全部心力，全力以赴。如此一來，你的能力會超越你目前的工作，隨著時間過去，會有扇大門敞開，引導你找到完美的夢想工作！

但你也該知道，如果你抱怨現在的工作，一直把注意力放在所

有負面事物上，便永遠無法找到夢想中的工作。你必須在現有的工作中尋找值得感恩的事，每件值得感恩的事都有助於為你帶來更好的工作。

如果你對自己的工作心存感激，即使那不是你的夢想工作，事情也會開始改變，讓你更喜歡這份工作。你會發現各種機會、晉升、更多錢、絕妙的點子和靈感，並因此更加感謝現在的工作。而你也會發現，愈是感謝自己的工作，就會有愈多可以感恩的事！

那是因為當你對工作心存感激時，自然就會為工作付出更多，如此一來，回報給你的金錢和成功也會增加。如果你不感謝自己的工作，自然會減少付出，回報也會因此減少，你的工作會停滯不前，最終可能丟了工作。正如古老的箴言提出的警告，不知感恩者，即使擁有的也會被奪走。

所以，請想想工作中可以感謝的所有事。首先，想想你擁有工作這個事實，想想那些失業的人，那些願意付出一**切**只為獲得一份工作的人。想想和你共事的人，以及你和他們的友誼。想想讓你工作更加輕鬆的珍貴同事。想想這份工作讓你喜歡的地方，想想收到薪水時的感覺有多好。

可悲的是，大多數人連拿到薪水都不開心，因為他們非常擔

心如何才能持續賺錢，錯過了對自己的薪水表達感恩，好讓薪水成倍增加的機會。每當有錢到你手上，不論多微薄，都要心懷感激！記住，你所感恩的都會成倍增加。

為了喜悅而工作

如果你過去認為賺錢的唯一途徑是工作，請馬上放下這個想法。當你以過去的經驗繼續認為這是必經過程時，你會覺得感恩嗎？這種想法對你沒有好處。

事實上，金錢可以透過無數種方式流向你，絕不會受限於你的工作或薪水。吸引力法則動員的是全世界的金錢，只要正確使用這個法則，都能吸引金錢。

一旦明白這個真相，你便可以自由尋找自己喜歡的工作，而不僅僅是為了錢而接受一份工作。

如果你做一份工作是因為你相信這是賺錢的唯一方法，而你不喜歡那份工作，就永遠無法得到真正的財富或喜愛的工作。記住，你只有在感覺美好的時候才能吸引到自己想要的事物，所以如果你在工作中不開心，就無法吸引到你渴望的財富，無論是透過薪水或其他方式。

　　你應該為了喜悅而工作，你應該因為它讓你興奮而工作，你應該因為喜歡而工作。而當你喜歡自己所做的事，金錢就會隨之而來！

　　可悲的是，許多人過著「為你好」的父母、老師、社會，甚至朋友或伴侶為他們安排的人生，而接受自己不喜歡的工作，因為他們相信自己就值得這個，或是因為這是安全或受人尊敬的選擇，或是這樣可以讓他們的履歷很好看。或許他們一開始是喜歡自己的工作，但隨著時間過去，這份工作變成了苦差事。他們讓「工作穩當」這件事支配了人生的選擇。

　　到頭來，做一份你認為自己應該做的工作，而不是喜歡做的，是在過著虛假的人生。正如股神巴菲特所說的：「這有點像是把性生活存起來，等到老了再做！」

　　如果你發現自己處於這種情況，那幾乎可以肯定現在的工作不是你夢想中的工作。你必須深入探究自己是什麼時候把夢想放在一旁，先「存著」。所以問問自己：

　　如果你可以做**任何事**，你會做什麼？

　　如果錢不是考量因素，你會做什麼？

如果一定會成功，你會做什麼？

等你想出這些問題的答案，就是找回了自己的夢想。

把別人的意見拒於門外，鼓起勇氣追隨自己的夢想，你會非常快樂。即使你覺得你因為需要保障、因為義務而無法行動，也永遠不會太晚——總是有數不清的方式可以追隨夢想，而且比你想像得容易許多。

當你考慮離開穩定的工作去追尋夢想時，可能產生的後果或許會讓你心生疑慮。

如果你發現自己有疑慮，可以請宇宙證明你做了正確決定。記住，你可以要求任何事物！

更美好的事物即將到來

生活中的事情發生變化時，我們往往會對此心生抗拒，因為我們擔心大的改變代表事情會變得更糟。但請記住這件重要的事：如果生命有個重大變化，表示更好的事就要來臨了。宇宙中不可能有真空，所以有東西移出時，一定會有東西進入取代。當改變來臨時，放輕鬆，抱持全然的信心，知道變化是好的，更美好的事物就要來到你身邊了！

　　我曾在一家電視臺擔任節目製作人，曾經夢想開設自己的電視節目製作公司，但一直沒這麼做，因為我要養家活口。我的薪資很高，我的家人需要錢才能吃飯、才能有片瓦遮頭。儘管有很多人催促我開設自己的公司，我仍竭盡全力抓住這份工作帶來的保障。

　　後來，我被開除了。

　　我很震驚。我們要吃什麼？要怎麼支付女兒的學費？要怎麼付房貸？

　　我可以選擇去另一家電視臺找工作，但我無法想像自己又回頭去做一直在做的事。我意識到，既然被開除，就沒什麼可失去的了。因此，我在我們簡陋房子後方的一個房間裡架起塑膠桌椅，開始構思電視節目的點子。我有了一個想法，也為這個節目準備了提案簡報，即使我不知道該怎麼做簡報。但我相信這個想法，所以就算心跳加速、雙腿顫抖，我還是向電視臺的高層報告我的想法。節目當場就通過了，播出後大獲成功，還成了長青劇。

　　透過被解雇，我獲得創辦個人公司、實現夢想的完美環境。我到現在都非常感謝那家開除我的電視臺，沒有他們，我不會有勇氣離開我的工作，也就會錯過我人生中最令人興奮、最充實的旅程。

成為自己的老闆

許多人在職業生涯中，都想用創業來追求自己的夢想，就像我一樣。光是意識到沒有任何人能讓你的夢想成真，就是重要的一步。你的老闆、同事、客戶，甚至你的伴侶、家人和小孩，都無法幫你過你的日子，你有責任創造讓自己快樂且充實的人生，沒有人能為你做到這一點。

到現在為止，你或許一直都認為你不可能經營一家自己的公司，但你必須試著放下對自己的這種看法、信念和結論，因為就是這些讓你無法達成夢想。別拿自己和他人比較，因為你的內在擁有地球上其他人所沒有的潛能。請放下每一個對自己的限制性想法，向所有可能性敞開心扉。

一家跨國公司的高階經理被調到總部擔任新職務，而他無法接受那些條件，所以，在忠心耿耿工作二十五年之後，他做了重大決定，決心另尋他職。他的第一個直覺是開設自己的公司，因為他一直夢想成為企業家。

他做了一些初期嘗試，像是找辦公室和技術資源，同時也非常仔細地觀想自己的新企業。然而，對一個當了這麼久上班族的人來說，放棄工作保障的風險是非常可怕的。

大約在那個時候，他雇主的一個國際競爭對手出現了，那家公司計畫在他所在的地區推出他們的品牌。他和他們見面，並獲得領導新部門的機會。他還沒有放棄自己創業的夢想，但這個職缺好到讓人難以拒絕。所以他向舊公司提出辭呈，並為這個新的開始做好準備。

就在這時，他收到了一個大大的驚喜。因為經濟的不確定和股市波動，公司突然決定不成立新部門了。

但是，他們仍想在那個地區建立業務，因此修改了合作提議。他們會為他成立的新公司提供資金支持，也會成為他的主要客戶。他得以成為他一直想做的企業家，但又擁有他渴望的財務保障。

成功的祕密法則

若你擁有自己的公司或夢想著要創業，假如你希望成功，或是想避開許多新公司掉入的陷阱，就**必須**將「祕密」的幾項特定法則應用在你的公司。

首先是在競爭方面。多數人想到商業世界，都會想到這是狗咬狗的生存之戰，但對商業的這種看法是來自「**匱乏**」心態，認為供給是有限的，認為沒有足夠的資源給每個人，所以必須競爭、

對抗才能得到東西。別人必須輸，你才能贏。但是當你去競爭時，你永遠不會贏，即使你認為你贏了。根據吸引力法則，競爭時你會吸引許多人和情境在人生的各個方面與你競爭，但最終你會輸。我們都是一體的，所以你在競爭時，對手是自己。你必須忘掉競爭，成為有創造力的人，只專注於**你的**夢想、**你的**願景，把所有競爭排除在外。

　　與事業有關的第二個祕密法則是感恩。如果你是公司老闆，你公司的價值會因為你的感恩而有增減。你愈是感激公司、客戶和員工，公司愈會成長壯大；當你不再感恩，而以擔心代替時，公司的狀況就會急轉直下。

　　適用於你公司的第三個祕密法則，是培養並保持富裕心態。如果你有一家公司，但它的表現不如預期，很可能是起因於你的心態——你的想法和感覺。讓公司倒閉的最大因素，是對「沒有成功」抱持不好的感覺，即使公司經營順利，如果你在表現小幅下滑時有不好的感覺，就會在公司創造更大的衰退。

　　透過宇宙無限的創造力量，你可以獲得各種靈感和點子，讓公司一飛沖天到你幾乎無法想像的程度。

　　想像成功，並且盡可能提振精神、感覺美好。精神提振了，事業也能跟著提升。每一天在生活的各個方面，都要愛你看見的一

切，愛你周圍的一切，愛其他公司的成功，彷彿那是你的成功一樣。如果你對成功有美好的感覺——無論那是誰的成功——都能將成功吸引到你身上！

與事業有關的第四個、也是最後一個祕密法則是：你**永遠不該**拿取他人的錢，除非你付出與你得到的金錢**同等價值**的事物。這就是所謂的公平交易規則，而當你將這個規則作為商業慣例時，就是真正在實踐吸引力法則。不遵守這個規則是事業不成功的主因之一，因此，請確保你在**所有**商業交易中都遵守公平交易規則——無論是對供應商或客戶。如果你付出的價值比得到的少，你就是拿取了他人的東西，而在人生中，你不能拿別人的東西，否則你的也會被拿走。相反地，你必須努力為你得到的事物提供同等價值，而唯一能確定給予同等價值的方法，就是付出比得到的金錢**更多**的價值，如此一來，你公司的發展就會蒸蒸日上。

無論你是決定自己創業，或是當個領薪水的上班族，並追求夢想中的工作，都適用這個原則：無論是利潤或薪水，千萬不要平白收取，不付出比收穫更多的價值。這便是許多人缺錢、工作失敗和公司倒閉的原因。因此，在你的工作、公司或人生各個方面，一定要付出比你得到的金錢更多的價值。

第八課
分享與給予

　　成功富裕是你與生俱來的權利，你握著一把鑰匙，可以讓你比你所能想像的更加富足。你應該擁有你想要的每一樣美好事物，而宇宙會給你想要的所有好東西，但你必須將它召喚到你的人生中。現在你知道「祕密」了，這或許是你有生以來第一次可以買下你一直想買的東西，到你一直想去的地方旅行，做你一直想做的事。除此之外，你還有難得的機會，可以和家人朋友**分享**你的成功，讓他們的人生也得以改善。

　　你可以成為、擁有，或是去做你想要的任何事，但這些大多出自與最親近的人分享的渴望。想一想，如果沒有人可以分享，你

對成為、擁有或去做任何事的欲望就少多了。沒有動力驅使你早上起床，驅使你去工作、去學習、去賺錢、去開公司，或是去創造更好的人生。

正是你與他人的接觸和在一起的體驗，給了你人生目標和成功的雄心壯志。不只如此，因為與親近的人分享的喜悅感覺非常好，這也有助於驅動你取得更多成就。

我的故事

在我自己的人生中，我因為受到啟發而寫下「祕密」，以便和全世界的人及我的親朋好友分享這套知識。

我的出身相當卑微，父母一輩子都在努力工作，但他們一直沒什麼錢。父親去世後，母親不僅失去了一生的摯愛，也失去了錢財，同時又沒有收入。父親在「祕密」成功前就去世了，所以他從來沒有看到夢想成真，但母親看到了。她一生都在勉強維持生計，但在「祕密」出現後，一切都改變了。

我記得有一天，母親哭著打電話給我。她走進一家商店，為自己買了幾件衣服，而她之所以哭了，是因為這是她有生以來第一次不必問價錢就買下衣服。

如果你有幸擁有為你的成長和安康奉獻一生的父母，就會明白我那天的感受。我給母親的任何東西，都無法與她在我生命中給予我的相提並論。

回饋

當你掌握了「祕密」，吸引了富足的生活，你一定忍不住會回饋，讓他人的生命有所不同。你對人抱持的悲憫之情如此深厚，以至於無論你做了什麼、給予了多少，你只想做得更多。

當你用自己可以做到的方式 —— 無論大小 —— 去回饋時，知道自己幫助了他人時感受到的快樂永遠不會離開你。你感受到的喜悅和快樂如此之大，讓你質疑自己人生的整個目的。事實上，你人生的目的是喜悅，所以你覺得生命中最大的喜悅是什麼？給予！

如果幾年前有人告訴我，人生最大的喜悅是給予，我不會相信他。我會說：「你可以這麼說，但我生活困難，只能勉強維持生計，所以我沒什麼可以付出的。」

在我人生的那個階段，我在金錢方面到達空前低點，刷爆了幾張卡，公寓貸款到期，公司也欠下幾百萬美元的債務。但在發現吸引力法則後，我知道自己必須對金錢感覺美好，才能讓錢流向

我。那並不容易，因為我每天都要面對不斷增加的債務、員工薪水逾期未付，還有許多帳款未結。所以我採取了極端行動。

我走到最近的自動提款機，從唯一還沒有透支的信用卡帳戶裡提出幾百美元。我非常需要那筆錢來支付帳單和買食物，我卻手裡拿著錢，走向一條繁忙的街道，把錢給了街上的人。

那是我人生中第一次感受到對金錢的熱愛，但讓我感受到愛的，不是金錢本身，而是把錢給別人這個行為。在那之後，我因為給予金錢的感覺如此美好，而流下喜悅的眼淚。

就在下一個工作日，我意外收到兩萬五千美元，要買下我在一個朋友公司的股份——我早就忘了這筆投資。那筆錢是天賜之物，讓我的公司得以維持下去，並完成當時正在製作的《祕密》影片。

我給出錢財並不是為了帶來急需的錢，而是為了讓自己對金錢抱持美好的感覺。我想要改變這一生對錢的不良感受。如果我為了得到錢而將錢給出去，永遠不會奏效，因為那表示我是被「缺錢」的負面感覺驅動，而不是出於愛。但是，假如你把錢給出去，並且在給予的時候感覺到愛，金錢一定會回到你身上。

為了喜悅而給予

給出錢財時必須感覺開心，才能讓錢回到身邊。這樣做的原因是，當你對錢慷慨並樂於分享時，你會發出「我有很多錢」的頻率，而那個頻率透過吸引力法則的「媒合」，你就會永遠有很多錢。然而，你的付出應該是不期望回報的付出——純粹為了它帶來的喜悅而給予。

人們常常誤解「給予」的這個要點。他們給予時都期望有所回報，那是別有用心的付出，而不是為了純粹的喜悅，當然也不是帶著愛付出。

另一方面，懷抱一顆充滿愛的心給予，感覺會更美好；事實上，這是你所能做的最快樂的事。當你全心全意給出錢時，你會發出「有很多錢」的訊號，吸引力法則會抓住那個訊號，讓更多金錢流入你的生活。

但是，你不能欺騙吸引力法則。你的給予必須真誠，必須發自內心地感受到。如果你的財務狀況不允許你在給出錢財時由衷地感受到愛，那麼你或許應該重新考慮這件事，改以其他許多同樣強大的方式給予。給予人們愛和欣賞，對自己擁有的事物給予感恩，給出援助之手，給予友好的表示，給予微笑，把最好的自己奉獻給你遇到的每一個人。當你透過真誠的給予採取行動，吸引

力法則會做出回應，讓你在人生的每個領域透過人、境況和事件有所獲得。

　　一對帶著四個孩子的夫妻發現夢想中的房子正在出售，可惜價格遠遠超出他們的預算。然而，那個丈夫還是觀想他的家人住在那棟房子裡，而且想像時充滿感情和喜悅，讓他開始相信那棟房子會是他們的。

　　幾週後，他在離夢想之家不遠的咖啡廳買午餐，排在他前面的一位年長的女士因為將皮包放在車上而無法付錢，她道歉後準備出去拿錢。那個男人點了外帶的午餐，然後往自己的車子走去。在停車場，他注意到那位女士站在她的車旁，表情有點沮喪，於是他走近她去看看出了什麼問題。原來她將皮包和鑰匙一起鎖在車子裡了。他詢問那位女士是否有備用鑰匙，她說有，但在家裡。他提議開車載她回家，她感激地接受了。

　　當他開車接近女士家的車道時，他發現那正是他和妻子一直想買的夢想之家。她進到屋裡拿備用鑰匙，他則利用那一點點時間想像住在裡面的樣子，正如他前兩個星期做的那樣。那位女士回來後，他告訴她，他非常喜歡她的房子，如果他能負擔，就會買下來。她若有所思地看著他，然後問他能出多少錢。他有點尷尬，但還是說出了自己的預算。她安靜地思考了一下，然後說出讓他大吃一驚的話：「好，你可以擁有它。」

他們當場敲定條件，他以低廉的價格得到了夢想中的家。這一切都是伸出援手卻不求回報的直接後果。

你有很多機會給予，從而打開接收的大門。給予友善的話語，給予微笑，給予欣賞和愛。事實上，你的愛、你的喜悅、你的正面情緒、你的興奮、你的感恩和你的熱情，都是生命中真實且恆久的禮物。世界上所有的財富，都無法與你心中的愛這個最無價的禮物相比。因此，當你帶著愛給予時，吸引力法則一定會回報你這樣東西：你想要和喜愛的一切帶來的純粹喜悅和無盡的快樂。

摘要

金錢的祕密

　　你所做的每一件事都應該是為了純粹的喜悅，無論是跟你的職涯或事業，或是你人生的其他任何面向有關。你人生的目的是喜悅，不該有任何事比這更重要，包括金錢。不幸的是，太多人更看重金錢，而不是喜悅和他們熱愛做的事。他們把賺錢當作人生的目的，他們把錢當作神。

　　不要誤會，金錢和錢能買到的物質事物都很美好，體驗它們是生活在地球上的一大樂趣。然而，因為社會的制約，我們可能會誤以為獲取和累積物質事物是人生的目的。如果物質事物是人生的目的，能夠提供真正的快樂和滿足，我們就不需要再買東西了，因為得到那些東西時感受到的快樂不會是短暫的，而是會恆久存在。

　　如果獲取物質事物是人生的目的，我們離開時就能一起帶走。早上你走到外面拿報紙時，會發現對街老喬的房子已經不見了，

因為他帶走了。我們無法帶著物質事物，因為那些東西不是我們。物質事物是生活在地球上的喜悅的一部分，卻不是我們人生的目的。

當然，我們都需要食物、住所和衣物，以及我們喜歡的種種事物，因為它們豐富了我們的生活，但一味追求物質，會讓我們無法自由地活出真正滿足的人生。所以不要本末倒置，把財務保障和對物質事物的追求當作人生目的，而是要讓快樂成為你人生的目的。

事實上，地球上的每個人都只想要快樂，任何人渴望的任何事物都是因為他們認為那些東西會讓自己快樂。無論是健康、金錢、愛情、物質事物、成就、工作或任何事，對快樂的渴求是這一切的底線。有趣的是，當你快樂時，你會吸引所有能帶給你更多快樂的人事物。讓人快樂的事物是蛋糕上的糖霜，而蛋糕就是快樂。

如果你仍不確定如何選擇快樂，那麼只要做你喜歡且能帶給你喜悅的事。如果你不知道什麼事能帶來喜悅，就問問自己：「我的喜悅、我的樂趣是什麼？」當你找到，並投入其中、投入喜悅之中，吸引力法則會將大量讓你快樂的人事物、情境和機會傾注到你的人生中，這一切都是因為你散發著喜悅。

　　有趣的是，當你選擇喜悅和快樂，而不是財務保障時，你就會擁有一切，擁有富足的物質生活，以及豐富、快樂且充滿喜悅的人生。

　　願喜悅與你同在！

　　　　　　　　　　　　　　　　　　　　　朗達‧拜恩

　　　　　　　　　　　　　　　　　　　Rhonda Byrne

國家圖書館出版品預行編目資料

愛、健康與金錢的祕密：大師課程／朗達‧拜恩（Rhonda Byrne）作；
許可欣 譯. -- 初版 .-- 臺北市：方智出版社股份有限公司，2022.08
272面；14.8×20.8公分 --（方智好讀；153）
  譯自：The secret to love, health, and money.
  ISBN 978-986-175-689-9（平裝）
  1. CST：成功法　2. CST：自我實現
177.2   111007827

www.booklife.com.tw   reader@mail.eurasian.com.tw

方智好讀　153

愛、健康與金錢的祕密：大師課程

作　　者／朗達‧拜恩（Rhonda Byrne）
譯　　者／許可欣
發 行 人／簡志忠
出 版 者／方智出版社股份有限公司
地　　址／臺北市南京東路四段50號6樓之1
電　　話／（02）2579-6600‧2579-8800‧2570-3939
傳　　真／（02）2579-0338‧2577-3220‧2570-3636
總 編 輯／陳秋月
副總編輯／賴良珠
主　　編／黃淑雲
責任編輯／陳孟君
校　　對／黃淑雲‧陳孟君
美術編輯／蔡惠如
行銷企畫／陳禹伶‧王莉莉
印務統籌／劉鳳剛‧高榮祥
監　　印／高榮祥
排　　版／杜易蓉
經 銷 商／叩應股份有限公司
郵撥帳號／18707239
法律顧問／圓神出版事業機構法律顧問　蕭雄淋律師
印　　刷／祥峰印刷廠
2022 年 8 月　初版
2024 年 7 月　11 刷